Gullichsen/Kairamo/Vormala

Editorial Gustavo Gili, S. A.

08029 Barcelona Rosellón, 87-89. Tel. 322 81 61
28006 Madrid Alcántara, 21. Tel. 401 17 02
1064 Buenos Aires Cochabamba, 154-158. Tel. 361 99 98
México, Naucalpan 53050 Valle de Bravo, 21. Tel. 560 60 11
Bogotá Calle 58, N.º 19-12. Tels. 217 69 39 y 235 61 25
Santiago de Chile Vicuña Mackenna, 462. Tel. 222 45 67

Gullichsen/Kairamo Vormala

Introducción/*Introduction*
Colin St. John Wilson

GG

Catálogos de Arquitectura Contemporánea
Current Architecture Catalogues

A cargo de/*Editor of the series*
Xavier Güell

Traducciones/*Translations:*
Santiago Castán, arqto.

El texto, a excepción de la introducción, es de Kristian Gullichsen
The text, with exception of the introduction, is by Kristian Gullichsen

Ninguna parte de esta publicación, incluido el diseño de la cubierta, puede reproducirse, almacenarse o transmitirse de ninguna forma, ni por ningún medio, sea éste eléctrico, químico, mecánico, óptico, de grabación o de fotocopia, sin la previa autorización escrita por parte de la Editorial.

All rights reserved. No part of this work covered by the copyright hereon may be reproduced or used in any form or by any means –graphic, electronic, or mechanical, including photocopying, recording, taping, or information storage and retrieval systems– without written permission of the publisher.

© Editorial Gustavo Gili, S.A., Barcelona, 1990

Printed in Spain
ISBN: 84-252-1449-1
Depósito legal: B.32.917-1990
Fotocromos: Reprocolor Llovet, S.A. - Barcelona.
Fotocomposición: Ormograf, S.A. - Barcelona
Impresión: Grafos, S.A. - Barcelona

Indice

La tradición moderna: la obra de Gullichsen, Kairamo & Vormala, *por Colin St John Wilson* — 6

Obras y proyectos

1967-1981	Galería de arte en Pori	14
1968-1973	Moduli. Sistema constructivo experimental	16
1971-1974	Fábrica textil Marimekko en Helsinki	18
1972	La Petite Maison en Grasse, Francia	20
1974-1983	Centro de las Artes en Helsinki	22
1975-1977	Fábrica de papel en Varkaus	24
1979-1980	Ampliación de una fábrica de papel en Lohja	28
1979-1983	Centro parroquial en Kauniainen	32
1981-1989	Manzana de viviendas Näkinpuisto en Helsinki	40
1982	Conjunto de casas pareadas Liinasaarenkuja en Westend, Espoo	44
1983	Edificio de viviendas Hiiralankaari en Westend, Espoo	48
1983-1985	Viviendas Kyläsuutarinpuisto en Helsinki	52
1983-1987	Centro comercial y torre de oficinas Itäkeskus en Helsinki	56
1983-1989	Centro cívico en Pieksämäki	66
1984-1989	Ampliación de los Grandes Almacenes Stockmann en Helsinki	74
1986	Conjunto de locales comerciales, oficinas y hotel en Imatra	80
1988	Conjunto de edificios de oficinas en Naantali	82
1988-1991	Venta y distribución de coches Veho Auto-City en Espoo	84
1989	Centro parroquial en Pirkkala	86
1989	Viviendas apareadas Lyökkiniemi en Westend, Espoo	88

Biografías — 90
Cronología de obras y proyectos — 92
Agradecimientos — 95

Contents

The modern tradition: the work of Gullichsen, Kairamo & Vormala, by Colin St John Wilson — 6

Works and projects

1967-1981	*Art Gallery in Pori*	*14*
1968-1973	*Moduli. Experimental Building System*	*16*
1971-1974	*Marimekko Textile Works in Helsinki*	*18*
1972	*La Petite Maison in Grasse, France*	*20*
1974-1983	*Arts Centre in Helsinki*	*22*
1975-1977	*Paper-mill in Varkaus*	*24*
1979-1980	*Paper-mill extension in Lohja*	*28*
1979-1983	*Parish Centre in Kauniainen*	*32*
1981-1989	*Näkinpuisto apartment block in Helsinki*	*40*
1982	*Liinasaarenkuja semi-detached houses in Westend, Espoo*	*44*
1983	*Hiiralankaari apartment block in Westend, Espoo*	*48*
1983-1985	*Kyläsuutarinpuisto Housing in Helsinki*	*52*
1983-1987	*Itäkeskus Shopping Centre and Office Tower in Helsinki*	*56*
1983-1989	*Civic Centre in Pieksämäki*	*66*
1984-1989	*Extension to the Stockmann Department Store in Helsinki*	*74*
1986	*Shops, Hotel and Office Complex in Imatra*	*80*
1988	*Office Complex in Naantali*	*82*
1988-1991	*Veho Auto-City car sales and distribution depot in Espoo*	*84*
1989	*Parish Centre in Pirkkala*	*86*
1989	*Lyökkiniemi semi-detached houses in Westend, Espoo*	*88*

Biographies — 90
Chronology of works and projects — 92
Acknowledgments — 95

La tradición moderna: la obra de Gullichsen, Kairamo & Vormala

Colin St. John Wilson

The modern tradition: the work of Gullichsen, Kairamo & Vormala

Colin St John Wilson

En sus comentarios sobre el Centro Cívico de Pieksämäki, Kristian Gullichsen habla de "la tradición de unos sesenta y cinco años de Moderno" y se reafirma en "mi convencimiento de que esta base artística e intelectual contiene una fuente inagotable de conceptos arquitectónicos, sobrada de significado e historia. En pocas palabras, es una mina de oro que sería estúpido no explorar".

Antes de ahondar en las implicaciones que comporta esta declaración nos detendremos un poco en analizar la serena complacencia que abriga la postura moderna en comparación con la aviesa polémica fomentada por aquellos que Habermas tacha acertadamente de "vanguardia de la Gran Retirada". No puede negarse que lo que empezó en 1922 sobre una base común de optimismo, invención y noble afán tomó muy diversos derroteros según espectros culturales e intelectuales de índole distinta, ni tampoco que cuando no consiguió concertar el compromiso de sus demandas encontró ante sí una fuerte reacción crítica. Lo cierto es que en Finlandia el ejercicio de la arquitectura se ha ganado un reconocimiento público envidiable. No conozco lugar alguno como este país donde el Revivalismo y el Posmodernismo hayan hecho menos incursiones en nombre de la ortodoxia moderna.

Semejante caudillaje se basa en una serie de circunstancias particulares. No sólo lo fue que el nacimiento de la nación coincidiese con el inicio en Europa de la gran aventura moderna –con "L'Esprit Nouveau" gravitando sobre el ritual de la gestación–; sin embargo, este hecho significó una de las principales raíces de identidad y fuentes de imaginación en la formación de toda una cultura. Desde este ángulo debemos considerar "la tradición de unos sesenta y cinco años de Moderno" que con tanto fervor Gullichsen enfatiza.

Diversidad

La primera característica a notar en la obra de estos arquitectos es la diversidad de planteamientos que, desde luego, no debe confundirse con la diversidad de la permisibilidad, pues se trata en realidad de recurrir disciplinadamente a elementos constitutivos de una tradición conocida y extensa. En los comentarios a que me refería al principio, Gullichsen alude a un espectro que comprende desde "el Clasicismo nórdico" al "Funcionalismo escandinavo", al espectro que "en la tradición de Aalto, lo psicológico tiene tanta importancia como lo físico." No obstante, en las referencias a fuentes nórdi-

In his notes on the Civic Centre at Pieksämäki, Kristian Gullichsen refers to 'the tradition of 65 years of Modernism' and goes on to say that 'it is my conviction that this intellectual and artistic base contains an inexhaustible source of architectural concepts, rich in meaning and history. In short, it is a goldmine which it would be foolish not to explore'.

Before we in turn explore the implications of this statement let us at least register with some relief the unruffled enjoyment of the Modernist position that it entertains in contrast with the cantankerous polemic fostered elsewhere by those whom Habermas rightly stigmatised as 'the avant-garde of the Great Retreat'. There can be no denying that what began from a common base of optimism, invention and generous aspiration in 1922 has fared very differently under various cultural and political spectra; and where it has failed to match the promise of its claims it has understandably been met by a strong critical reaction. The fact is that, in Finland, the architectural profession has by comparison won an enviable position of public confidence. Certainly I know of no place in which Revivalism and Post-Modernism have made less inroad upon the claim to orthodoxy of Modernism than in Finland.

That authority is founded upon a very special set of circumstances. Not only did the birth of a nation coincide with the birth of the great Modernist adventure in Europe ('L'Esprit Nouveau' hovering over the rites of parturition), but that very fact was seized upon as one of the principal roots of identity and sources of imagination in the formation of a whole culture. And it is with this point that we are brought back to a consideration of that 'tradition of some 65 years of Modernism' upon which Gullichsen lays so great an emphasis.

Diversity

For the first characteristic to be noted in the work of these architects is a diversity of approach which is not the diversity of permissiveness but the disciplined appeal to a number of strands within an acknowledged tradition of great breadth. In the notes to which I referred to start with, Gullichsen alludes to a spectrum ranging from 'Nordic Classicism' to 'Scandinavian functionalism' where 'in the tradition of Aalto, the psychological is every bit as important as the physical'. Straightaway it has to be noted that, in spite of these references to Nordic and Scandinavian sources, the goldmine to which Gullichsen refers contains rifts and strata

Centro parroquial Malmi en Helsinki, 1977-1981

Malmi Parish Centre in Helsinki, 1977-1981

cas y escandinavas, en seguida se aprecia que la mina de oro de Gullichsen muestra fisuras y estratos de origen foráneo. Aalto comenzó la práctica de la arquitectura el mismo año en que Le Corbusier montó el estudio de la Rue de Sèvres, en 1922, y en que la arquitectura finlandesa entró en escena en un contexto animado por múltiples contactos internacionales en los planos personal e institucional (CIAM). Ni Inglaterra ni Estados Unidos dieron pruebas como Finlandia de un compromiso y contribución al toma y daca de innovaciones y promociones, de práctica y polémica que identificamos, ahora, como la gran aventura moderna de los años veinte y treinta. En cambio, la cultura arquitectónica finlandesa (con un Constructivismo ruso tan activo como el Clasicismo sueco y un Purismo parisién tan provocativo como la Nueva Objetividad berlinesa) se desarrolló al paso de las innovaciones originales. Paralelamente, si Aalto y Bryggman imprimieron su propia inflexión a ese lenguaje en frenética evolución, la reclamación elevada por la generación de arquitectos finlandeses entonces en alza, en favor de reconducir desde el origen la tradición, únicamente fue ésta la que ostentó el derecho de primogenitura. Lejos de ser un derecho fundado en las aportaciones más conocidas (y, a punto fijo, anunciadas) de Aalto y Bryggman, encerró desde el inicio de su gestación los componentes de diversidad reflejados en el Minimalismo de Ruusuvuori y en el Racionalismo de Blomstedt.

Gullichsen, Kairamo y Vormala se dividen la responsabilidad del trabajo según el tipo de proyecto, aunque la autoría principal no deja, en cada caso, lugar a dudas. En líneas generales, los centros parroquiales y culturales corresponden a Gullichsen, los edificios industriales y de oficinas recaen sobre Kairamo y los residenciales son competencia de Vormala. Claro está que hay excepciones a la regla, como, por ejemplo, en la agrupación de viviendas en Westend (Espoo) se detecta la mano de Kairamo y en la ampliación de los grandes almacenes Stockmann es evidente la intervención de los tres arquitectos.

Gullichsen siente una irrefrenable pasión por introducir en sus obras citas crípticas, sentimiento que él califica como "amor por los *clichés,* pero sólo por los mejores." Lo interesante de esa pasión es que todas sus fuentes se encuentran en "los sesenta y cinco años de Moderno" y, por consiguiente, no puede decirse que ande escaso de ellas. Concentrar en un edificio referencias a Corbu, Aalto, Lewerentz, Scarpa, Kahn e, incluso, a Leonidov da fe tanto del dilatado abanico lingüístico del Moderno como de las excelencias del aparato digestivo de este arquitecto (sin excluir que Gullichsen se sienta libre de

of international provenance. Aalto set up his practice in the same year as Le Corbusier's establishment of his Studio in the Rue de Sèvres: 1922. And it was in the context of a lively range of international contacts both personal and institutional (CIAM) that Finnish architecture put itself on the map. We have to note that neither England nor the United States provided any comparable engagement or contribution to the give and take of innovation and promotion, of practice and polemic that we now identify as the great Modernist adventure of the '20s and '30s. By comparison, the architectural culture of Finland (in which the Constructivism of Russia was as active as the Classicism of Sweden, and the Purism of Paris as provocative as the New Objectivity of Berlin) grew contemporaneously with the original innovations themselves. And in so far as the work of Aalto and Bryggman contributed its own inflection to that rapidly evolving language, so the claim by the current generation of architects in Finland to draw upon the ensuing tradition at source has the simple authority of a birthright. Furthermore it is not a right based just upon the better known (and certainly well advertised) contributions of Aalto and Bryggman but contains from its earliest formation the strands of diversity that are reflected in the later Minimalism of Ruusuvuori and the Rationalism of Blomstedt.

In the practice of Gullichsen, Kairamo & Vormala there is a rough division of responsibility according to building type: the primary authorship in each case being clear. Broadly speaking, the cultural and parochial centres are the responsibility of Gullichsen, the industrial and office buildings fall to Kairamo and the residential buildings to Vormala. There are exceptions to this rule –the house groups at Westend Espoo very obviously show the hand of Kairamo and it is significant that all three contributed to the Stockmann Extension.

Gullichsen has a great passion for cryptic quotation in his buildings, a practice to which he laconically refers as 'a love for clichés–but only the best'. But what is interesting about this passion is that virtually all of its sources lie within the '65 years of Modernism' and, in doing so, suffer from no sense of paucity. Indeed to bring together in one building references to Corbu, Aalto, Lewerentz, Scarpa, Kahn and even Leonidov is testimony as much to the remarkable linguistic range of Modernism as to the digestive system of the architect. (Equally it is not to say that Gullichsen will not feel free to throw in further passing references to the catacomb of the early Christians or the guitar of Juan Gris...)

In literature, the systematic use of allusion is virtually synonymous with the birth of Modernism itself. For Joyce and

Viviendas pareadas Lyökkiniemi en Westend, Espoo, 1989-1990

Lyökkiniemi semi-detached houses in Westend, Espoo, 1989-1990

añadir referencias fugaces a las catacumbas de los primeros tiempos del cristianismo, a la guitarra de Juan Gris, etc.).

En el mundo de la literatura, el uso sistemático de la alusión es sinónimo de nacimiento del Moderno. Para Joyce y Eliot es un asunto tan esencial a la estructura y significado de la obra como el conocimiento que ratifica de la relación entre el autor y el lector. El empleo de la alusión descansa en una sensibilidad con visos críticos e irónicos. Si la obra de Gullichsen, Kairamo y Vormala abraza esa dimensión de referencias es una pregunta aún sin contestar. Pero lo que es incuestionable es que afirman que el vocabulario arquitectónico desarrollado durante estos últimos sesenta y cinco años es suficientemente amplio y rico en texturas como para ofrecer terrenos donde practicar un juego que no sólo es, en palabras de Le Corbusier, "conocido y preciso", sino, recordando la famosa frase de Lutyens, "un juego superior". Por poner un ejemplo, en la fachada a Keskuskatu de la ampliación de los grandes almacenes Stockmann podemos leer de inmediato referencias directas a la Maison de Salut de Le Corbusier, a la sede del periódico *Turun Sanomat* de Aalto, a la Maison de Verre de Chareau y al edificio comercial Goldman & Salatsch de Loos en la vienesa Michaelerplatz. El resultado final es un muro que no sólo significa una de las manifestaciones más distinguidas y urbanas de nuestro tiempo, sino también una expresión inteligente y sentida sobre nuestro presente, una expresión de orgullo de su *tempo* particular y de seguridad tecnológica.

Imitación y hurto

Ya es un logro importante ser capaz de gobernar tal cúmulo de referencias en un edificio que de por sí es clara y memorablemente único. En estos casos viene a la memoria la distinción que hacía Eliot entre los poetas inmaduros que "imitan" y los poetas maduros que "hurtan"; pero aquí resulta más adecuada la aplicación del principio de Eliot a una tradición genuina en que se produzca un intercambio entre lo nuevo y lo viejo en virtud del cual ambos actúen en régimen de reciprocidad y se modifiquen ligeramente. Lo nuevo adquiere autoridad a través de lo viejo y al ser "verdaderamente nuevo" altera nuestra percepción del pasado. Según Eliot y Joyce los intercambios han tenido efecto durante dos mil años; descubrirlos en un período más reducido, en sesenta y cinco años y constatar su validez supone una conmoción y un alivio.

La importancia de este proceso radica en que normaliza

Eliot, it is as central to the structure and meaning of the work as it is to the knowing relationship that it asserts between author and reader: and it is grounded in a sensibility that is both critical and ironic in its stance. Whether or not the work of Gullichsen, Kairamo & Vormala can be said to carry all these dimensions of reference is perhaps open to question. What is unquestionable is their claim that the language of architecture that has developed in the last 65 years is wide enough in range and rich enough in texture to offer grounds for a game that is not only 'knowing and correct' in Le Corbusier's terms but even, in Lutyens' famous phrase, a 'high game'. To take an example: in the Keskuskatu facade of the Stockmann Extension we can read off immediately direct references to Corbu's Maison de Salut, Aalto's Turun Sanomat, Chareau's Maison de Verre and Loos' Michaelerplatz. The result is a wall that is not only one of the most handsome and urbane statements of our time but is a knowing and loving statement about our time–a proud celebration of its particular tempo and technical assurance.

Imitation and theft

To be able to control such a range of reference in a building that is clearly and memorably unique in its own right is in itself a very remarkable achievement. One is reminded of Eliot's distinction between immature poets who 'imitate' and mature poets who 'steal'. But much more to the point it is an example of Eliot's principle of the operation of a true tradition in which there is an exchange between the old and the new whereby each, ever so slightly, modifies the other–the new gains authority from the old yet, in being 'truly new', alters our own appreciation of the past. For Eliot and for Joyce such exchanges operated across 2000 years. It is at the same time a shock and a reassurance to find such exchanges entirely worthwhile within a mere 65 years.

But what is particularly significant about this process is that it posits a broad normality to the Modernist language, and this is precisely the virtue claimed for the Classical language of architecture.

The preoccupations of each partner not only focus upon different categories of building type but carry a correspondingly diverse set of formal response.

For Gullichsen, the primary vehicle of expression is the wall. Adrian Stokes, in a fine phrase, ascribed Palladio's ability 'to transmit his high emotion for the vivification of wall-space' to what he identified as 'a carving approach'. Gullichsen has learned

el lenguaje moderno, justamente la virtud que reclamó el lenguaje clásico de la arquitectura.

Las inquietudes de los miembros de este equipo no sólo se vuelcan en las distintas categorías del tipo de edificación, sino que acarrean diversas respuestas morfológicas.

Gullichsen considera que el principal vehículo de expresión es el muro. En una frase espléndida, Adrian Stokes atribuyó a la maestría de Palladio "la transmisión de emociones sublimes vitalizando el espacio mural" que identificó como "un planteamiento escultórico".

Gullichsen ha aprendido mucho de los escritos y obras del más grande maestro contemporáneo del espacio mural, Le Corbusier. *Vers une Architecture* y *Précisions* se extienden sobre un sistema plástico en el cual "el juego inteligente y exacto de formas" se realiza para crear avances y retrocesos que compensen el plano frontal del muro. Por otra parte, la interpretación personal de algunas manipulaciones a que Aalto sometió a este juego ha desembocado en un discurso lineal que yuxtapone la superficie plana a una contrapartida formal de ritmo ondulado. El muro blanco y largo del Centro Parroquial de Kauniainen (1985) se riza a causa de inflexiones, salientes y retranqueos, se graba con bajorrelieves y fisuras profundas, mientras da base a una línea de cubierta continua, tensa como una cuerda de tender ropa, que contrasta con la pendiente del terreno que erosiona la parte inferior del muro. Este juego formal, que ordena un contexto topográficamente complicado, combina la flexibilidad de organización y remembranzas elementales de las calles escarpadas de pueblos italianos.

De modo similar, la fachada a la calle, larga y recta, del Centro Cívico de Pieksämäki (recientemente terminado) mantiene la línea de cubierta sujeta a un relato ininterrumpido de incidencias que alude a las abigarradas formas de actividad que acontecen en el marco ajardinado de la zona posterior. Fruto del trabajo alegre de Gullichsen es una composición que trae a la mente analogías con las reflexiones sobrias y mágicas de Morandi.

Kairamo extrae, en cambio, su inspiración de derivaciones muy diversas del canon moderno, es decir, de la estructura industrializada compuesta por pilares y forjados.

Le Corbusier decía que el pilar era un "testimonio de energía". Kairamo proyecta una arquitectura dotada de un enorme contenido energético a base de combinar la virilidad de la estructura vista con la geometría orgánica de las instalaciones. Esta fórmula nada tiene que ver con la tentación de los excesos sin gracia a los que tan proclive es la *high-tech,* pues la

profoundly from both the writings and buildings of the greatest master of wall-space in our time: Le Corbusier. Vers une Architecture *and* Précisions *both expatiate upon a plastic system in which the 'cunning and correct play of forms' is made to advance and recede in strict counterbalance against the datum of a frontal wall plane. And Gullichsen has further absorbed into his own manner something of Aalto's particular manipulation of this game which took the form of linear narrative, juxtaposing a strictly flat plane with a rhythmical wave-like counterform. In the Kauniainen Parish Centre of 1985 a long white wall, rippling with inflections, projections and recessions and incised with light relief or deep-cut slots, sustains a consistent roof line as datum, taut as a clothes line, against the falling, ground level that erodes its base. This formal game is used to bring order to a very complex topographical context and combines a suppleness of accommodation with vestigial memories of the steep Italian hill-town street.*

Similarly in the Civic Centre at Pieksämäki (just completed) the long straight street facade holds the line against a sustained narrative of incidents that press against it, hinting at the variegated forms of activity that address the park-like setting at the rear. A playful study by Gullichsen while composing this wall provokes the thought of a fruitful analogy with the austere and magical meditations of Morandi.

By contrast, Kairamo draws his inspiration from a very different strand in the evolving Modernist canon: the frame structure of industrial fabrication. Le Corbusier called a column 'the witness of energy' and, in compounding the virility of exposed structure with the organic geometry of service assemblies, Kairamo projects an architecture of great vividness. It is a far cry from temptation to that humourless self-indulgence to which High-Tech is prone; and certainly it is not so much a preoccupation with technology per se that confronts us in his work as the jolting energy of Constructivism, the popular and colourful rhetoric of optimism. In the office bulding at the Eastern Centre, there is an escape staricase that, like Jacob's Ladder, will take you to heaven as easily as drop you to earth. Why? You might as well ask a skylark why it tries to turn its song into a ladder. In the residential group at Westend Espoo, the formal juxtaposition of open-frame stair and balcony to the simple closed cube of the dwelling is a brilliant example of maximum effect from minimal means; and now that the whole complex has matured in its evironment of plants and trees that juxtaposition has become the rich enjoyment of diverse experience. There is a wit and buoyancy about this architecture that recalls Le Corbusier's claim that technology

verdad es que no se trata tanto de un desvelo por la técnica *per se,* como de la energía trepidante del Constructivismo, o dicho de otro modo, la retórica colorista y popular del optimismo. El edificio de oficinas del Eastern Centre tiene una escalera de emergencia que, como la escalera de Jacob, conduce al cielo con la misma facilidad que baja a la tierra. ¿Por qué? También podría preguntársele a lo alondra la razón de sus tentativas para convertir su trino en una escalera. La yuxtaposición formal en el conjunto de viviendas de Westend Espoo de una escalera y terraza con estructura vista al cubo elemental y cerrado que alberga la vivienda es un ejemplo brillante de cómo obtener efectos máximos con medios mínimos. Ahora, cuando el contexto de esta obra se ha consolidado, cuando la vegetación es ya madura, esa yuxtaposición es origen de múltiples experiencias. La agudeza y alegría que emana de la arquitectura de Kairamo recuerda que Le Corbusier vio en la técnica un "trampolín para el lirismo".

Vormala piensa que la esencia está en dirigir el problema arquetípico de nuestras ciudades: "le problème du grand nombre", la casa del hombre. Y tanto si actúa en contextos rurales de bajas densidades de población, como, por ejemplo, en Suutarila, o en contextos urbanos de altas densidades, como Makinpuisto, consigue una serie de soluciones exquisitamente proporcionadas, rebosantes de sensibilidad, aplicables a este campo difícil, pero inexcusable, de la arquitectura, al que abruman las ordenanzas, obsesionan los *standards* y el saber adquirido, e inhibe la expectativa de unas normas inminentes, aceptadas a escala universal. Vormala se las ha ingeniado para situarlo a un nivel de perspicacia y novedad que más parece resultado de experiencias precedentes que del deseo consciente de ser original.

Dicotomía

Cuando Wittgenstein escribió que "la ética y la estética son una misma cosa" no estaba abogando en favor del Arte por el Arte, sino sosteniendo que ambas, asediadas por los escollos cotidianos, tenían en común ser responsables de lo incondicional. Esta dicotomía adquiere en arquitectura categoría de absoluto. Ninguna otra disciplina que se precie de ser un arte empareja como la arquitectura la necesidad de alcanzar fines externos a su propio marco: satisfacer las contradicciones de la vida. Es una paradoja y, por consiguiente, un escollo para el

could be 'the springboard for lyricism'.

For Vormala the principal focus lies in addressing the archetypal problem of our cities, 'le problème du grand nombre', the home of man. And whether it be in the context of the low-density vernacular of Suutarila or the higher-density central site (as Makinpuisto), he has brought a finely-scaled and sensitive range of solutions to this most difficult, most necessary field of architecture. It is a field overwhelmed with regulations, hidebound with standards and recieved wisdom and inhibited by the expectation of imminent and universally acceptable norms. And yet Vormala has contrived to bring to it a commendable wit and degree of novelty that seem a natural extension of precedent rather than a wilful desire to be original.

The torn condition

'Ethics and aesthetics are one' wrote Wittgenstein, and he was certainly not by this statement offering any support to the thesis of Art for Art's Sake. On the contrary, he argued that what the two have in common is that, beset as they are by the entanglements of the day-to-day, they are both answerable to the unconditional. For architecture this torn condition is an absolute. No other discipline that lays claim to be an art is so inextricably caught up with the need to serve ends that lie outside its own discipline: the contradictions of life. This is a paradox and accordingly a stumbling-block to the analytical mind, but it is a precondition to the authenticity and vitality of architecture.

In one of his essays, 'The Mischievous Analogy' (written in 1941), John Summerson restated the aesthetes' position by an attack upon 'the Modern Architect' for an obsession with 'the importance not of architecture but of the relation of architecture to other things... scientific research, sociology, psychology, engineering, the arts and a great many other things'. Nearly 40 years later, David Watkin followed suit in his Morality and Architecture *with an attack upon those* 'explaining architecture away as a consequence of something else... religion, politics, sociology, philosophy, rationalism, technology, German theories of space..' Now I would certainly agree with both of them that architecture is not to be explained away against any one of those categories. Where I differ is that I believe that architecture is answerable to all of them.

At the moment in England, architectural debate has reached a state of total paralysis through a fashionable nostalgia for the good old days. And it is with inordinate relief that one turns to

pensamiento analítico; sin embargo, también es una condición previa a la autenticidad y vitalidad de la arquitectura.

John Summerson, en el ensayo *The Mischievous Analogy,* escrito en 1941, replanteó la actitud de los estetas atacando al "Arquitecto Moderno" por su obsesión por la "importancia no de la arquitectura, sino de su relación con otras cosas... (como son) la investigación científica, la sociología, la psicología, la ingeniería, las artes y demás disciplinas". Casi cuarenta años después, David Watkin siguió el ejemplo en su *Morality and Architecture* arremetiendo contra quienes "descartan la arquitectura por considerarla consecuencia de algo más... la religión, la política, la sociología, la filosofía, el racionalismo, la técnica, las teorías alemanas sobre el espacio...". En principio, comparto que no puede descartársela frente a *cualquiera* de esas categorías, pero, en cambio, creo que es responsable respecto a *todas* ellas.

El debate arquitectónico presenta, en estos momentos, en Inglaterra, un estado de parálisis total provocado por una nostalgia de buen tono por los buenos tiempos del pasado. Por eso uno acude con alivio, quizás desmedido, a Finlandia y a la modélica labor de arquitectos como Gullichsen, Kairamo y Vormala *(primus inter pares)* para ver la ética y la estética entretejerse sin necesidad de justificaciones interminables y la renovación del auténtico espíritu clásico –refiriéndome al griego y no al fetichismo romano del orden perdido– en respuesta a las necesidades y medios actuales. En caso de que aun así no se entienda qué quiero decir, sólo me resta repetir el aforismo de otro gran maestro. Preguntado por una dama sobre qué era el jazz, Louis Armstrong, secándose el sudor de la frente con un descomunal pañuelo, le contestó: "Señora, el que usted me plantee esta cuestión significa que nunca lo entenderá".

Finland and the exemplary work of architects like the firm of Gullichsen, Kairamo & Vormala (primus inter pares) *in which the ethics and the aesthetics of architecture are woven together without the need for endless justification and in which the true spirit of the Classical, by which I mean the real thing: the Greek (and not that Roman fetishism for long-lost order) is renewed in response to the needs and the means of today. And if you still don't understand what I mean I can only repeat the aphorism of another great artist. Louis Armstrong was once asked by an earnest lady: "But what, Mr. Armstrong, is the* meaning of jazz?" *To which the master, mopping his brow with a huge handkerchief, replied: "Lady, if you gotta ask that question you ain't never going to understand".*

1967-1981

Galería de arte en Pori

La galería se instaló en un almacén de aduanas construido en el siglo XIX. Este y el ayuntamiento vecino constituyen uno de los conjuntos arquitectónicos de mayor valor histórico que se conservan en esta ciudad costera del golfo de Botnia.

Al rehacer casi por entero el interior se convirtió la parte central en un espacio de crujía única y usos múltiples. La estructura da soporte a las instalaciones de aire acondicionado, iluminación eléctrica y al sistema de divisorias correderas. Esta solucion flexibiliza la disposición de las exposiciones, permite subdividir con facilidad la sala de 770 m² en varios espacios de menor tamaño.

Art Gallery in Pori

The gallery was accomodated in a 19th century customs warehouse, which, along with the adjacent town-hall, is one of the most valuable historical buildings in this coastal town on the Gulf of Bothnia.

The interior was almost completely rebuilt and its central section converted into a multipurpose space with a new single-span roof. Its structure supports services such as air-conditioning, lighting and a system of sliding partition walls. This provides flexibility in exhibition design, making it easy to divide the 770 m² hall into a combination of various smaller spaces.

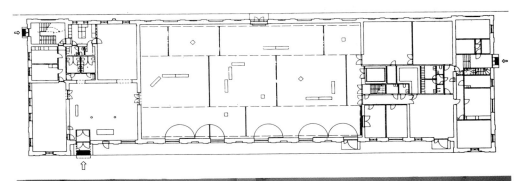

Planta y vistas del exterior e interior

Plan and views of the exterior and interior

1968-1973

Moduli.
Sistema constructivo experimental

Moduli se diseñó en una época en que muchos arquitectos respetables se sintieron atraídos por los modelos de casas "hechas por uno mismo", por viviendas montadas con elementos estándar, fabricados en serie y distribuidos a escala internacional. Las causas de este sueño estaban en una confianza un tanto ingenua en la técnica y en un lenguaje arquitectónico universal con poder para desenredar el lío social y estético que se aproxima a pasos agigantados por efecto del *baby-boom*.

Nuestra versión tenía el propósito de ser una fase inicial de experimentación encaminada a solucionar alguno de estos problemas. En un principio, el proyecto se aplicó a casas de vacaciones pensando que así se evitaban al menos unos cuantos obstáculos y cortapisas, de suerte que de 1969 a 1971 se fabricaron y construyeron sesenta. Desde los puntos de vista técnico y arquitectónico el proyecto parecía bastante prometedor, pero la explotacion a escala económicamente rentable mostró su inviabilidad y se abandonó.

Moduli.
Experimental Building System

Moduli was designed at a time when many a self-respecting architect was inspired by the vision of "do-it-yourself" housing - dwellings assembled from mass-produced and internationally distributed standardised parts. The dream emanated from a somewhat naive confidence in technology and a universal architectural language capable of disentangling the social and aesthetic mess rapidly approaching as a result of the baby-boom.

Our version was intended as an experimental first step towards a solution to some of these problems. The project was initially applied just to holiday homes in order to avoid at least some of the manifold problems and constraints. As a result some 60 houses were manufactured and erected between 1969 and 1971. In technical and architectural terms the scheme seemed quite promising, but marketing on an economically viable scale proved unfeasible and the project was finally dropped.

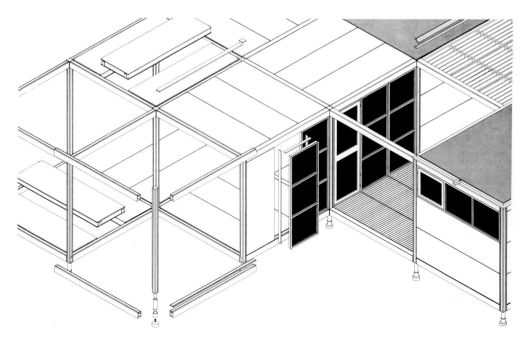

Axonometría, vista del proceso constructivo y vistas del exterior e interior

Axonometric sketch, view of the construction process and views of the exterior and interior

1971-1974

Fábrica textil Marimekko en Helsinki

En busca de la máxima flexibilidad, la fábrica es espaciosa y tiene una estructura muy sencilla; consta en esencia de una base de hormigón sobre la que se levanta una estructura espacial metálica ordenada de acuerdo a una retícula de 9 × 18 metros. Todas las instalaciones que no se relacionan directamente con el proceso de producción están situadas en el perímetro; las escaleras y los servicios mecánicos se hallan en el muro exterior, las instalaciones de esparcimiento y de asistencia en la cubierta, los sistemas de alimentación de maquinaria y las instalaciones de aire acondicionado e iluminación forman parte de la estructura espacial.

Es de lamentar que de los 21.000 m² del proyecto original sólo se construyeron 6.000 m².

Marimekko Textile Works in Helsinki

For maximum flexibility, the factory is structurally simple and spacious: a steel space-frame, based on a yawning 9 × 18 m grid, sits on a concrete platform. All services apart from those directly linked with production are pushed to the edges: stairs and mechanical equipment on the outer wall, recreation and welfare facilities on the roof, feeding systems for the machinery under the concrete deck, and services –air-conditioning and lighting– incorporated within the space-frame.

Unfortunately only 6000 m² was built according to the original scheme - total floor area 21000 m²

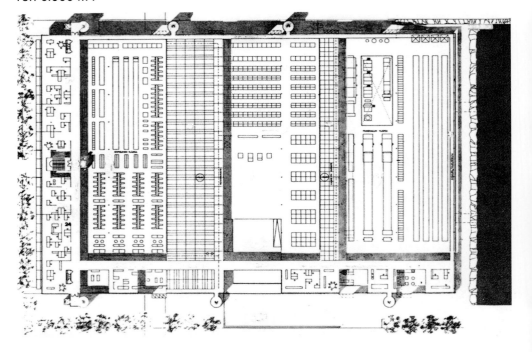

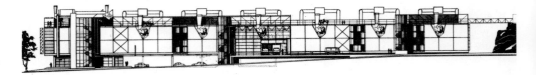

Planta, alzado, emplazamiento y vista del exterior

Plan, elevation, site plan and view of the exterior

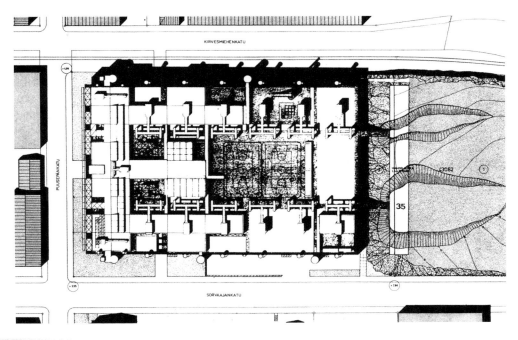

1972

La Petite Maison en Grasse, Francia
La Petite Maison in Grasse, France

Esta casa diminuta que construí para mimadre fue proyectada para que anidase en el paisaje del sur de Francia. Dado que la arquitectura estaba ya allí en forma de ladera escalonada, no resultó difícil sumergir la casa en una de las terrazas que rítmicamente marcaban el olivar.

Puede decirse que no tiene lo que entendemos por una entrada, todas las habitaciones dan al espacio principal, es decir, a la terraza y al paisaje mediterráneo, imitando la organización de un bazar.

La casa es pequeña e íntima, más acorde con el estilo de vida que llevaría un Diógenes moderno que un ser genuinamente social, allí todo es privado.

This little house, built for my mother, was designed to nestle into the Southern French landscape. Since the architecture, the stepped hillside, was already there, it was a simple matter to sink the house into one of the olive grove's rhythmical terraces.

There is no formal entrance – all rooms in the bazaar-like structure face the main space – the adjoining terrace and bucolic Mediterranean landscape

It is a very intimate little house, more suited to the lifestyle of a modern Diogenes than for formal socialising; everything is private.

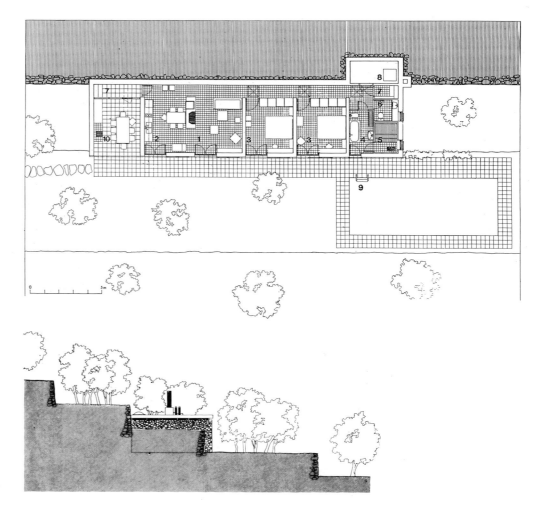

Planta, sección y vistas del exterior e interior
Plan, section and views of the exterior and interior

1974-1983

Centro de las Artes en Helsinki

Este proyecto, nunca realizado, aúna tres instituciones en una edificación: el Instituto de Diseño Industrial, la Escuela de Teatro y la Filmoteca.

Los talleres, teatros, estudios y bibliotecas de cada disciplina comparten los niveles inferiores del conjunto y el subterráneo acoge la filmoteca. Encima, las aulas, estudio de arte, salas de ensayo e instalaciones de investigación ocupan cuatro alas independientes comunicadas por un largo pasillo. Los patios con cubierta translúcida proveen de espacios complementarios donde pueden llevarse a cabo actividades diversas.

Arts Centre in Helsinki

This project, never executed, unites three institutions in one building: The Institute of Industrial Design, The Theatre School and The Film Archive.

The workshops, theatres, studios and libraries for each discipline share the lower levels of the complex with the underground film archive. Above them, classrooms, art-studios, rehearsal rooms and research facilities are located in four separate wings connected by a long corridor. The glass-covered courtyards so formed provide additional spaces for ad hoc activities.

Plantas, sección, perspectiva interior y vistas de la maqueta

Plans, section, interior perspective and views of the model

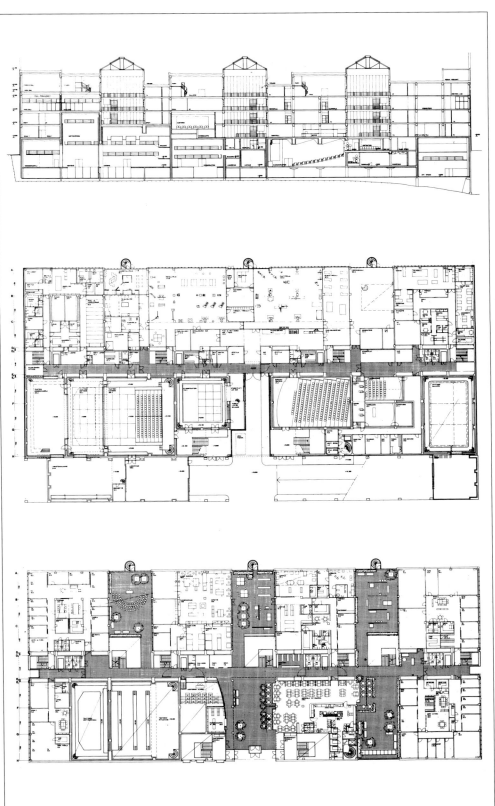

1975-1977

Fábrica de papel en Varkaus

Paper-mill in Varkaus

De hecho, esta obra es una ampliación del importante complejo industrial construido en Varkaus, un pequeño pueblo del interior de Finlandia.

La articulación arquitectónica recibe especial atención, dado que la obra se encuentra en el mismo centro urbano; no fue tarea fácil integrar en el paisaje una construcción de gran tamaño y de casi un kilómetro de longitud. El cliente y el equipo de trabajo, sensibles ambos hacia las cuestiones relativas al medio ambiente, pusieron tanto interés en solucionar con acierto la reducción de ruidos y los problemas de la contaminación como en los aspectos arquitectónicos.

La arquitectura refleja la vitalidad del proceso industrial acentuando el rol de la parte técnica: tuberías, conducciones, barandillas y escaleras. Las grandes superficies acristaladas proporcionan no sólo espacios interiores generosamente bien iluminados con luz natural, sino que también contribuyen a que el enorme mecanismo tenga una apariencia etérea.

La fábrica de papel de Varkaus obtuvo en 1978 el Premio de Arquitectura de Finlandia.

The mill which manufactures paper for newsprint is an extension to the important industrial complex in the small Central Finnish town of Varkaus.

Strong emphasis was placed on architectural articulation because of its location right in the town-centre; moulding the vast structure into the townscape was no easy task as the new plant is about a kilometre long. Committed to the environmental issues, the client and design team were as concerned about reduction of noise and pollution as with the architectural problems.

The architecture echoes the vitality of the industrial process, stressing the role of technical equipment such as pipes, ducts, railings and stairs. The large glazed areas not only provide ample daylight to the interiors, but also contribute to giving the vast mechanism an impression of airiness.

The paper-mill was awarded the Finnish Architecture Prize in 1978.

Vistas del exterior

Views of the exterior

Páginas siguientes: emplazamiento, sección y vistas del exterior e interior

Following pages: site plan, section and views of the exterior and interior

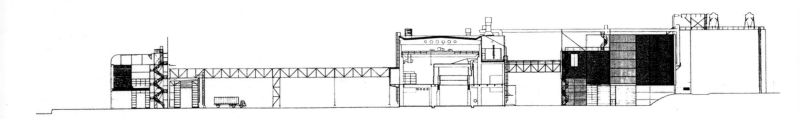

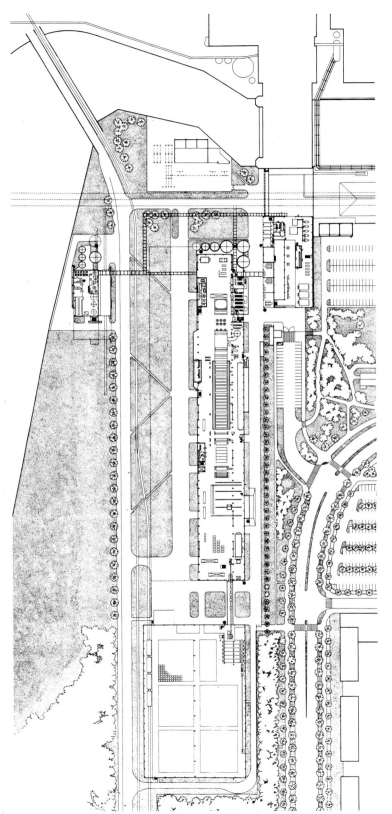

1979-1980

Ampliacion de una fábrica de papel en Lohja

Paper-mill extension in Lohja

Aprovechamos la oportunidad que nos ofrecía el encargo de incorporar unas instalaciones mecánicas, administrativas y de laboratorio a un complejo fabril existente para mejorar el aspecto externo.

La ampliación adoptó la forma de un anexo de 110 m de longitud que acogió las nuevas instalaciones, al tiempo que prestaba al conjunto una nueva fachada mirando al lago.

Las franjas acristaladas, las escaleras vistas y el escrupuloso diseño de las instalaciones mecánicas y de los sistemas de climatización y recuperación térmica se utilizan como medio para articular el volumen alargado donde se combinan la estructura metálica con revestimientos de ladrillo rojo y paneles de hormigón.

The commission was to add technical, laboratory and administrative facilities onto the existing factory complex, and we took the opportunity to improve the outward appearance of the older parts of the mill built at various periods in a fairly random fashion.

The extension was realised in the form of an annex 110 m long accomodating the new facilities and providing a new lakeside facade for the whole complex.

The long steel frame block with red-brick and concrete-panel cladding is articulated with glass strips, exposed stairways and carefully designed mechanical, air-conditioning and heat-recovery systems.

Emplazamiento y vistas del exterior
Site plan and views of the exterior

Páginas siguientes: plantas, vista exterior y detalles constructivos y de la escalera

Following pages: plans, exterior view and details of the construction and the stairs

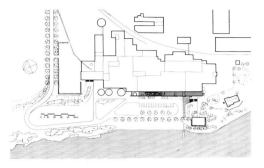

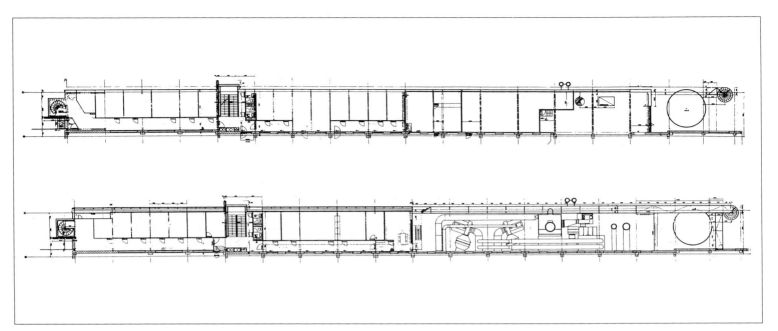
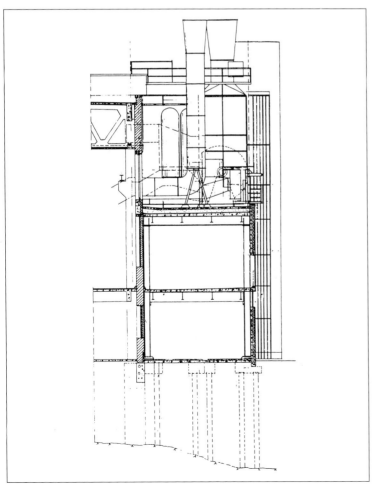

1979-1983

Centro Parroquial en Kauniainen

Parish Centre in Kauniainen

Este proyecto, consecuencia de un concurso celebrado en 1978, se construyó en la falda de una colina próxima a Kauniainen, localidad no lejana a Helsinki. El centro consta de la iglesia, capaz para doscientos feligreses sentados, de varias salas de reunión y de una ala destinada a los servicios administrativos; estos tres sectores, junto con el campanario levantado en 1964 y el jardín de infancia ya existente forman un patio cerrado.

La fachada de entrada, un "muro de las lamentaciones" macizo y acabado en estuco, es una barrera física y psicológica frente al ajetreo del entorno exterior y el elemento que crea en el interior un mundo sereno y contemplativo similar al de los claustros. El único paso por el que entra la luz natural en la iglesia son las claraboyas escultóricas colocadas en la cubierta.

En los volúmenes cúbicos enjabelgados y apenas articulados, igual que en la calle en pendiente o en la plazuela se adivinan reminiscencias de los orígenes mediterráneos del cristianismo. Las variaciones sobre el tema de los pórticos y de la exedra significan fragmentos de la herencia clásica, arquetipos de la arquitectura religiosa. Deprimido en el terre-

Located on a hillside in Kauniainen near Helsinki, the scheme –the result of a competition in 1978– includes a 200 seater church, various meeting rooms and an administrative wing, which together with an existing kindergarten and a tower from 1964, form a closed courtyard.

The massive stucco entrance facade, the "wailing wall", serves as a physical and psychological barrier to the busy outdoor environment, creating a cool, cloisterlike, contemplative world inside. Daylight is introduced to the church hall only through sculptured rooflights.

The whitewashed, sparsely articulated cubic volumes, the hill-town street motif, a small piazza etc. are reminiscent of the Mediterranean origins of Christianity. Colonnades and exhedra variations represent fragments of the classical heritage, archetypes of religious architecture. A catacomblike access tunnel to the church-hall, sunk into the hillside, recalls the underground worship of the early Christians.

By contrast, the influence of the modern masters, Le Corbusier, Aalto and perhaps Lewerentz can be identified quite easily.

no, discurre el acceso a la iglesia, una especie de túnel parecido a una catacumba que trae a la memoria la feligresía clandestina en los albores de la cristiandad.

El influjo de los maestros modernos –Le Corbusier, Aalto y, tal vez, Lewerentz– puede detectarse fácilmente.

Perspectiva y fragmentos del exterior

Perspective and partial views of the exterior

Sección y vistas del exterior

Section and views of the exterior

Plantas, boceto y vistas del interior

Plans, sketch and views of the interior

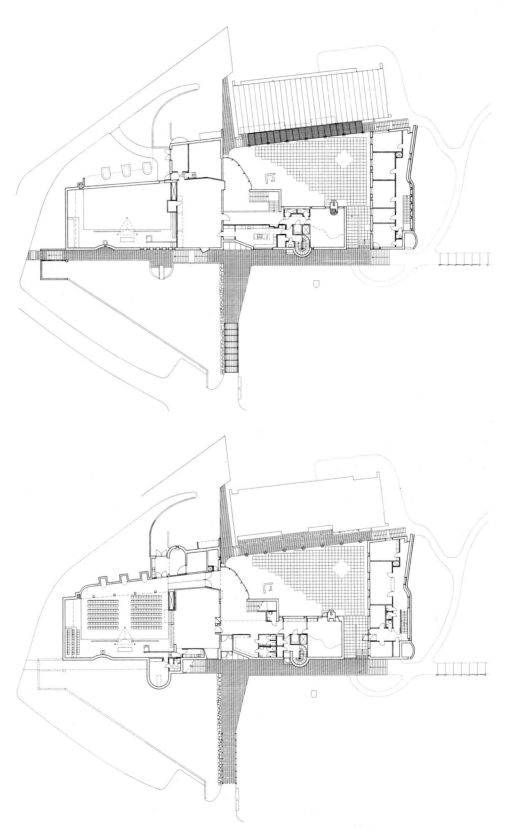

Boceto y vistas del exterior e interior

Sketch and views of the exterior and interior

1981-1989

Manzana de viviendas Näkinpuisto en Helsinki
Näkinpuisto apartment block in Helsinki

La manzana se encuentra en un barrio urbano muy populoso y rodeada de intenso tráfico rodado; así pues, intentamos crear un parque aislado en el espacio central que contrastara con el turbulento ambiente exterior.

Las fachadas a la calle construidas en ladrillo visto y con cubierta en pendiente conservan el color y la escala del tejido urbano del entorno.

En las fachadas al parque, el ladrillo cede paso a paneles de hormigón en color blanco y azul claro. Los antepechos de pavés que cierran los balcones y reflejan el cielo, junto con las terrazas acristaladas de los áticos colaboran a que el patio de manzana sea un oasis para el esparcimiento en medio del desierto.

As the block is located in a heavily populated district of the city and encircled by busy traffic, we tried to create a secluded park in the hollowed out centre to contrast with the hectic outer environment.

The outer red-brick facades with steeply pitched roofs maintain the tone and scale of the surrounding urban fabric.

On the inside the brick gives way to white and pale blue concrete panels. Glass-block balconies reflecting the sky and glazed penthouse terraces contribute to turn the courtyard into an airy oasis in the middle of the desert.

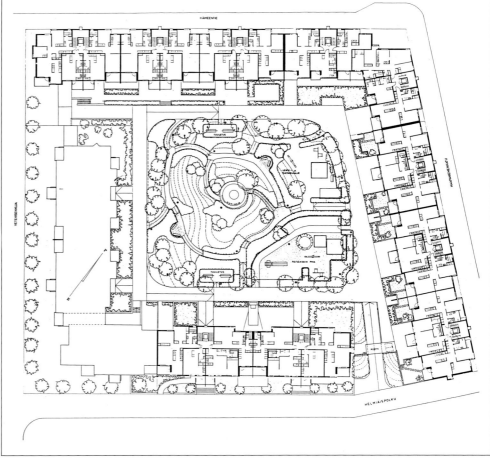

Emplazamiento y vistas del exterior

Site plan and views of the exterior

Planta tipo y vistas del exterior

Typical floor plan and views of the exterior

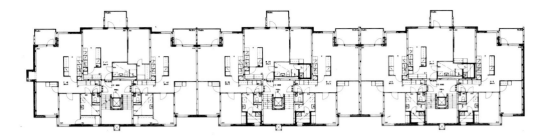

1982

Conjunto de casas pareadas Liinasaarenkuja en Westend, Espoo

Liinasaarenkuja semi-detached houses in Westend, Espoo

La nostalgia de tiempos pasados que destila este conjunto se hace eco de las casas blancas y funcionales de los años treinta que aún pueden verse en la zona.

En la concepción se aprecia un alto grado de sencillez. Las casas son construcciones de naipes, volúmenes regulares formados por paneles prefabricados de hormigón con arreglo a una estructura sumamente simple. Los porches y terrazas, las escaleras metálicas de caracol y las cercas de celosía componen el grupo de accesorios triviales que las decoran. A pesar de la evidente austeridad que impera, la vegetación y el arbolado han convertido el lugar en un paraíso en miniatura.

The obvious nostalgia for the good old days which permeates this group of houses is an echo of the white functionalist houses from the 1930s still to be found in the area

The conception is of utmost simplicity; regular boxes of prefabricated concrete panels, structurally simple, houses of cards. These are decorated with some equally trivial accessories: porches and balconies with standard steel spiral-staircases, timber trellises and fences. Despite the apparent austerity of the plan, with the help of plants and trees the site has been transformed into a small Garden of Eden.

Vistas del exterior

Views of the exterior

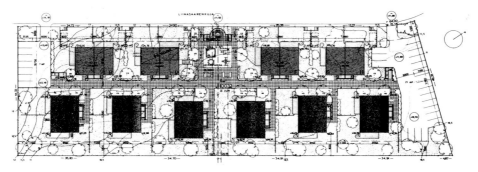

Emplazamiento, plantas tipo y vistas del exterior

Site plan, typical floor plans and views of the exterior

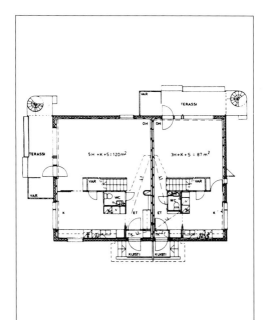

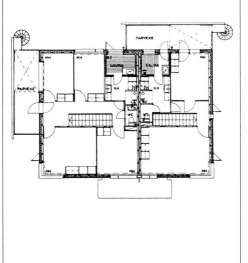

1983

Edificio de viviendas Hiiralankaari en Westend, Espoo

Hiiralankaari apartment block in Westend, Espoo

Este edificio de pisos, sito en un suburbio abigarrado, es un largo volumen, construido con paneles prefabricados de hormigón, al que articulan grupos de balcones hechos de hormigón a pie de obra.

Por un lado la independencia estructural de los balcones los libera de la rigidez del volumen y por otro consiente la introducción de irregularidades contrapuntísticas que contrastan con la reiteración existente en la masa principal del edificio.

This block of flats in a leafy suburb is a straightforward linear block constructed from prefabricated concrete panels articulated with batches of in-situ concrete balconies.

The structural independence of the balconies frees them from the rigidity of the block, enabling a contrapuntal play of irregularities to contrast with the repetitive main body of the building.

Páginas anteriores: vistas del exterior

Previous pages: views of the exterior

Planta tipo y vistas del exterior

Typical floor plan and views of the exterior

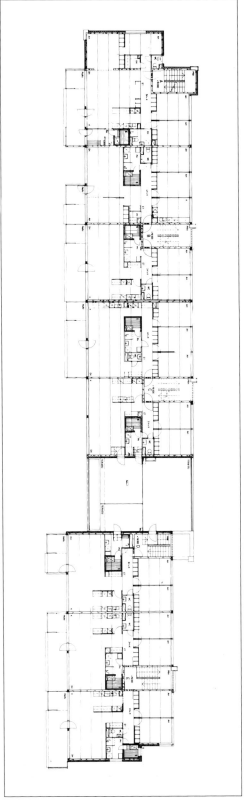

1983-1985

Viviendas Kyläsuutarinpuisto en Helsinki

Este conjunto de viviendas edificado en un suburbio de Helsinki entra en un plan de viviendas subvencionadas emprendido por el ayuntamiento y, por consiguiente, el proyecto se atuvo a los estrictos límites presupuestarios que se impusieron.

Las casas forman hileras compuestas por unidades de tres a cinco viviendas. El juego de luz y sombra sobre las fachadas de tablas de madera reproduce las casas sencillas de los barrios de baja densidad de población. Por otra parte, se distinguen claras referencias a la tradición de la arquitectura blanca de madera que abunda en los pequeños pueblos de las costas nórdicas.

Kyläsuutarinpuisto Housing in Helsinki

This lowrise housing estate in a Helsinki suburb is part of the city's subsidised housing programme, and is as such designed to meet strict cost limits.

The houses are linked in rows of 3-5 homes. The play of light and shadow on the white clapboard walls echoes the modest houses in the low-density surroundings. On the other hand there are clear references to the tradition of white timber architecture to be found in small Nordic coastal towns.

Emplazamiento y vistas del exterior

Site plan and views of the exterior

Plantas y vistas del exterior

Plans and views of the exterior

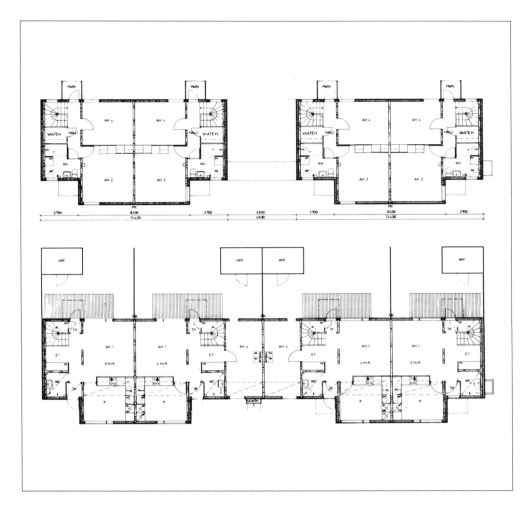

1983-1987

Centro comercial y torre de oficinas Itäkeskus en Helsinki

Itäkeskus Shopping Centre and Office Tower in Helsinki

Itäkeskus es el centro comercial y cultural de una extensa zona suburbana, localizada al este de la capital.

A nosotros se nos encomendó proyectar un centro comercial encima del metro y una torre en el foco de los ejes peatonales de primer orden para que actuase como hito de referencia.

El centro comercial debe entenderse más como una parte integrante y vital de la estructura de la zona que como una edificación equilibrada. El proyecto está muy condicionado por los elementos que definen el terreno: la estación de autobuses, la carretera, las líneas subterráneas del metro y la plaza peatonal elevada.

El conjunto consta de cuatro plantas comerciales, con una superficie total construida de 23.700 m², y de un aparcamiento para 392 vehículos.

El tema principal de la fachada a la carretera es una linterna de vidrio, horizontal e iluminada que de noche se muestra como la componente horizontal de una composición suprematista cruciforme cuya componente vertical es la escalera de la torre de 82 metros. La arquitectura es el reflejo de la vitalidad emanante del lugar; su diseño saca provecho de toda la parafernalia publicitaria convirtiéndola en ingrediente compositivo. Es, en definitiva, la elaboración funcional de la estética constructivista.

La torre de 16 plantas, concluida el verano de 1987, y el edificio vecino de cuatro plantas con el que comunica por la base, son el resultado del proyecto ganador en el concurso a que se nos invitó a participar. Nuestro propósito arquitectónico fue hacer un edificio tan ligero como se pudiese, una suerte de mástil identificable como el distintivo de Itäkeskus, sin salirnos de las limitaciones inherentes a un edificio de oficinas en alquiler de sólo 16 plantas.

La altísima escalera simultaneó el papel de trazo vertical de la cruz luminosa con el de énfasis vertical de la composición; por este mismo motivo, los conductos de ventilación están a la vista, de modo que ambos mantienen la esbeltez de la torre, al permitir reducir las dimensiones del núcleo interior.

Itäkeskus is the commercial and cultural centre of Eastern Helsinki's large suburban area of some 30,000 people.

Our part of the brief was to design a shopping centre over the metro tracks, and a tower at the focal point of the main pedestrian axes to act as a landmark for the centre.

The shopping centre complex is not so much a discrete building as a vital and integral part of the area's stucture. It is strongly influenced by the tightly constrained site, and is strictly delimited by the feeder-bus station, motorway and railtracks below, and a raised pedestrian square above.

The complex comprises 4 floors of commercial premises, a total floor-area of 23,700 m², and parking for 392 cars.

The main motif of the exterior elevation facing the motorway is an illuminated horizontal glass lantern, which at night appears in the townscape as the horizontal component in the suprematist cross composition in which the tower's 82 m -high stairway forms the vertical. The architecture thus reflects the vitality of the place and is designed to take advantage of the inevitable advertisement hoardings and signs as compositional elements. In short it is a functional implementation of the constructivist aesthetic.

The 16-storey tower, completed in summer 1987, and connected 4-storey building at its base are the result of the winning entry in an invited competition. The architectural aim was to produce as slim a building as possible –a mast to act as a landmark for Itäkeskus– within the inevitable limitations of an office building containing only 16 rentable floors.

As well as acting as the vertical in the cross of light, the tall stairway, which overshoots the extent of the building, adds to the verticality of the composition. The ventilation ducts are also placed on the outside for this reason, and both help to maintain the slenderness of the tower by reducing the dimensions of the internal core.

Emplazamiento y vista del exterior

Site plan and view of the exterior

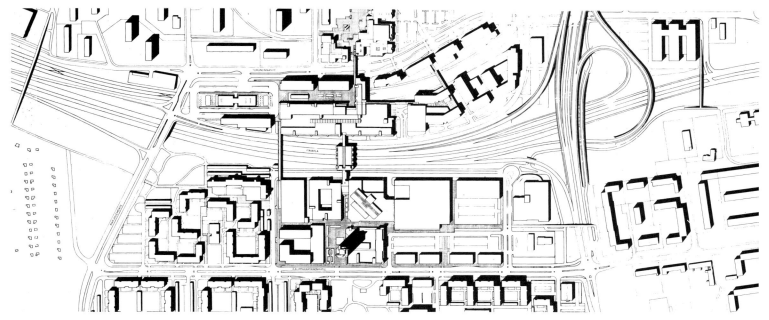

Plantas y vistas del exterior

Plans and views of the exterior

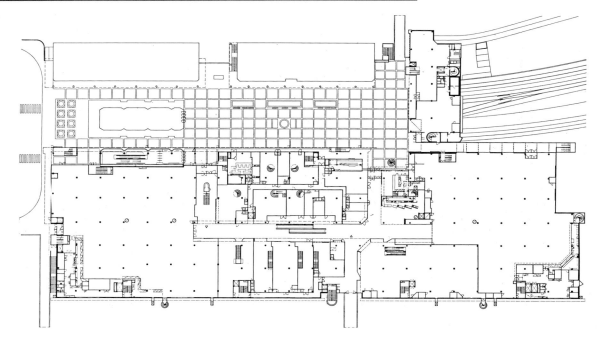

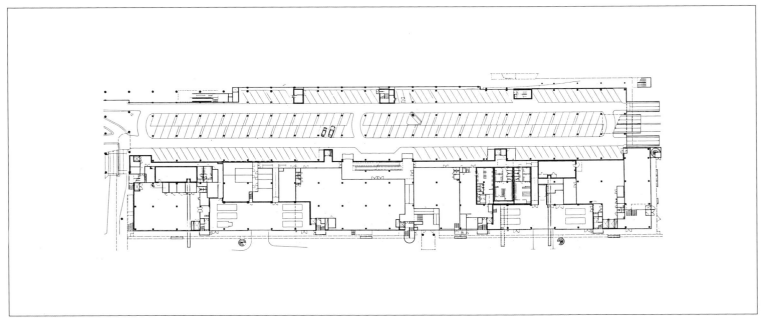

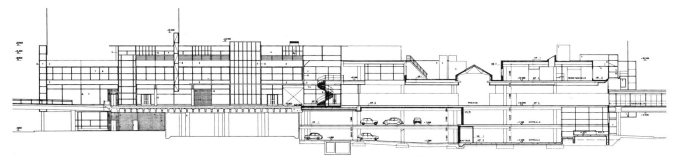

Sección y vistas del exterior e interior

Section and views of the exterior and interior

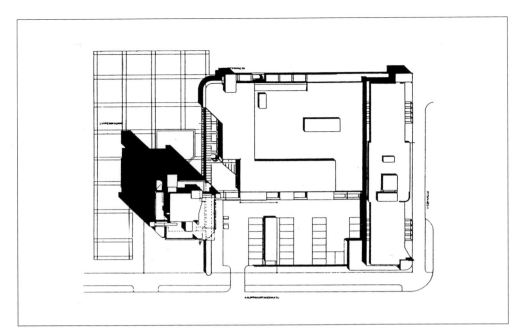

Planta general, plantas de la torre y vistas del exterior

General plan, plans of the tower and views of the exterior

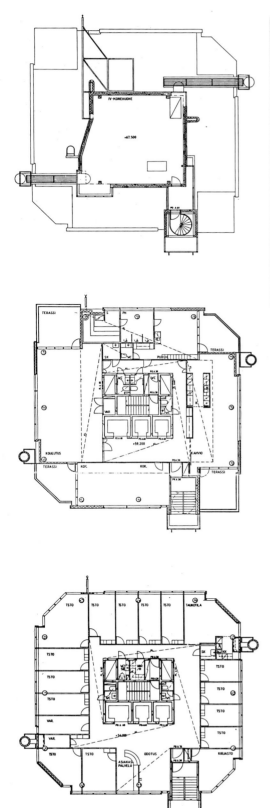

Vista del exterior y fragmento estructural

View of the exterior and partial view of the structure

1983-1989

Centro cívico en Pieksämäki

La construcción se levanta en el parque que se extiende a las orillas de un lago junto a Pieksämäki, villa interior de Finlandia.

El proyecto cuenta con la nueva biblioteca municipal, un vestíbulo con una cafetería y un auditorio con un patio de 350 butacas. A raíz del sosiego que domina el lugar de emplazamiento junto al lago, la ponderada composición representa un elemento de transición entre el parque y el contexto urbano que opera, a un tiempo, como amortiguador del tráfago callejero y como telón de fondo del medio natural. La fachada tripartita orientada a la calle tiene notas de *palazzo:* una portada de acceso y un patio o *cour d'honneur*.

El muro curvilíneo que mira al parque se mantiene al margen del paisaje como mero observador que vigila a través de las grandes aberturas y de las galerías en voladizo. En el extremo norte del muro se eleva una atalaya, provista de foso, cuyo interior cumple el cometido de sala de cuentos para niños y de lectura donde d'Artagnan, los Tres Mosqueteros y otros personajes de fantasía tienen un ámbito ideal para desenvolverse.

El lenguaje arquitectónico empleado incluye elementos seriados extraídos

Civic Centre in Pieksämäki

The building, completed in 1989 as a result of a competition, is situated in lakeshore parkland in Pieksämäki, a town in Central Finland.

The scheme comprises the new city library, entrance hall with café, art gallery and a multipurpose auditorium seating 350. Its unassuming composition, which is derived from the peaceful lakeside setting, is a transitional element: with the urban milieu on one side and the parkland on the other, it acts both as a buffer against the street and a backdrop to the park. The tripartite street elevation contains echoes of a "palazzo" with entrance gate and courtyard "cour d'honneur".

The long curving wall addressing the park stands aside from the landscape as an observer, surveying the scene with its large openings and projecting veranda. At the north end of the wall stands a watchtower with moat, functioning as a children's story-room and reading area. This provides an apt setting for d'Artagnan, The Three Musketeers and all the other characters who will inhabit the place.

The architectural language as a whole is a loose agglomeration of elements from many different origins, including Nordic classicism and functionalism; "form follows function", and in the tradition of Aalto, the

de fuentes muy distintas a las que ni el clasicismo ni el funcionalismo nórdico son ajenos; recordemos la frase "la forma sigue a la función" y la idea sostenida por Aalto según la cual lo psicológico tiene tanta importancia como lo físico. Esto nos lleva a concluir que el aforismo de Sullivan debiera, tal vez, modificarse y decir que la "función sigue a la forma", o mejor, "la forma es la función".

psychological is every bit as important as the physical. This leads us to concluded that Sullivan's famous dictum should perhaps be modified: "function follows form", or preferably, "form is function".

Emplazamiento y vistas del exterior

Site plan and views of the exterior

Planta general, planta tipo y vistas del exterior

General plan, typical floor plan and views of the exterior

Páginas siguientes: vistas del exterior e interior

Following pages: views of the exterior and interior

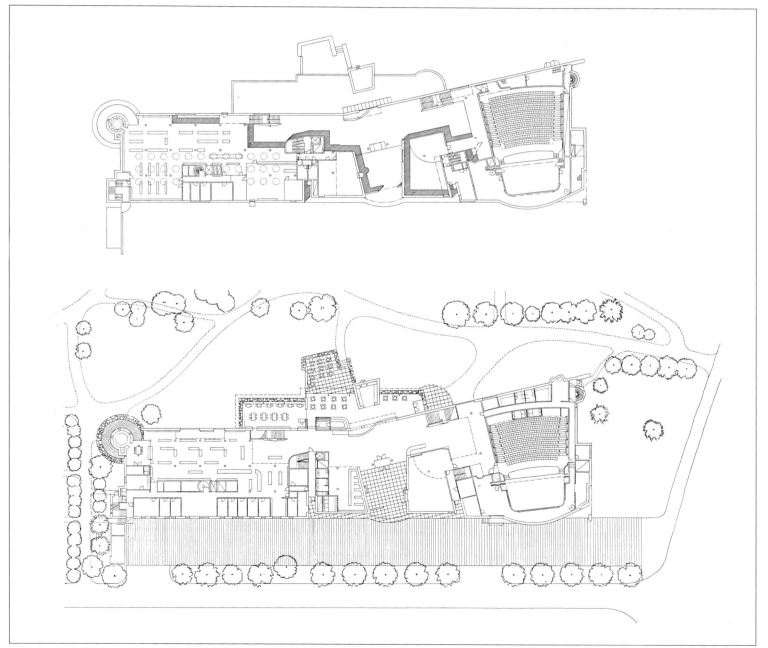

Diversas vistas del interior

Various views of the interior

1984-1989

Ampliación de los Grandes Almacenes Stockmann en Helsinki

Extension to the Stockmann Department Store in Helsinki

Con la ampliación de unos grandes almacenes se ha ocupado el último solar sin edificar situado en un punto neurálgico del centro urbano de la capital.

Envuelven a la nueva construcción buen número de vecinos insignes: el antiguo edificio comercial que terminó Sigurd Frosterus en 1930, un fragmento de *château* renacentista de Settergren datado en 1889; al otro lado de la calle, una obra de 1920 de Eliel Saarinen, y dos edificios de Aalto de los años 1955 y 1969. En el frente diagonalmente opuesto se levanta el Teatro Sueco cuyas fachadas remodeló el joven Eero Saarinen (1936) y en el otro extremo de la calle, la estación de ferrocarril realizada en 1918 por su padre.

En el concurso que se celebró en 1984 resultó ganador este proyecto.

Las tres construcciones resultantes muestran otros tantos ejemplos de arquitectura erigidos en intervalos de una cincuentena de años. La primera representa el eclecticismo del siglo XIX, la segunda el neoclasicismo de los años veinte y treinta y el tercero la arquitectura moderna de vidrio translúcido que nació del contextualismo y la ambigüedad poniéndose en sintonía con los tiempos.

The last unbuilt plot at the focal point of Helsinki city-centre has been filled with the extension of a big department store.

The new building is surrounded by a number of distinguished nighbours: the old store, completed in 1930 by Sigurd Frosterus; a neo-renaissance fragment of a French Château by Settergren, built in 1889; Eliel Saarinen's building across the street from 1920; two Aalto buildings from 1955 and 1969. Diagonally opposite is the Swedish Theatre with remodelled facades by the young Eero Saarinen (1936), and at the opposed end of the short street his father's railway-station from 1918.

The new building is the result of an open design competition held in 1984. Reflecting the changes in attitude to the country's architectural heritage, the facade of the corner château was given a reprieve.

The resulting trio of buildings displays three distinct samples of architecture at approximately fifty year intervals. The first represents eclecticism from the late nineteenth century; the second neo-classicism of 1920-1930, and the third modernist translucent glass architecture of both contextualism and ambiguity in accordance with the times.

Vistas del edificio en relación con el entorno

Views of the building in relation to its surroundings

Dos fragmentos del exterior del edificio

Two partial views of the exterior of the building

Plantas, sección, detalle de la fachada y vistas del espacio central interior

Plans, section, detail of the facade and views of the central interior space

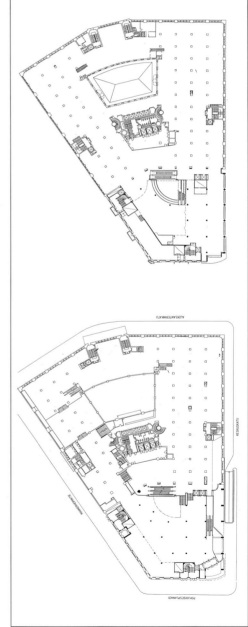

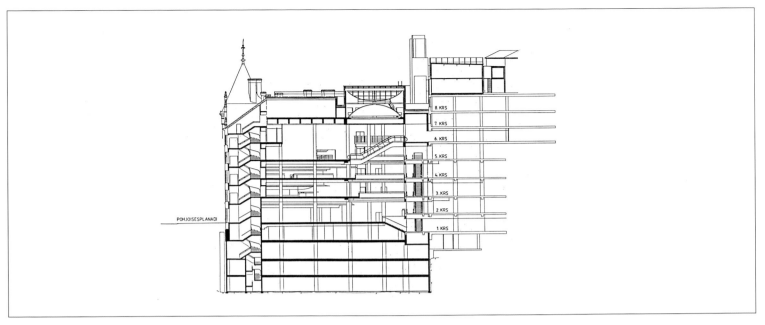

1986

Conjunto de locales comerciales, oficinas y hotel en Imatra

Shops, Hotel and Office Complex in Imatra

En el paisaje de Imatra domina el caudaloso río Vuoksi, emisario del lago del cual es ribereña la ciudad, que va a parar, después de cruzar la frontera rusa, al Ladoga.

Los puentes por los que la carretera y el ferrocarril salvan el río acentúan la extrema horizontalidad del paraje. La composición del proyecto juega con estas líneas preexistentes de energía a las cuales suma sus propias verticales y horizontales en el marco de un funcionalismo sereno aderezado con contrapuntos suprematistas.

El jurado del concurso convocado para la ocasión no tuvo a bien elegirlo para ser construido.

The Imatran landscape is dominated by the important Vuoksi river which connects the inland lake district to the vast Lake Ladoga on the Russian side of the border.

The strong horizontality of the site is emphasised by rail and road bridges crossing the river. The composition plays on these already present lines of energy, adding its own verticals and horizontals in a cool functionalism spiced with suprematist counterpoints.

The project, submitted for an invited competition, was not chosen by the jury to be built.

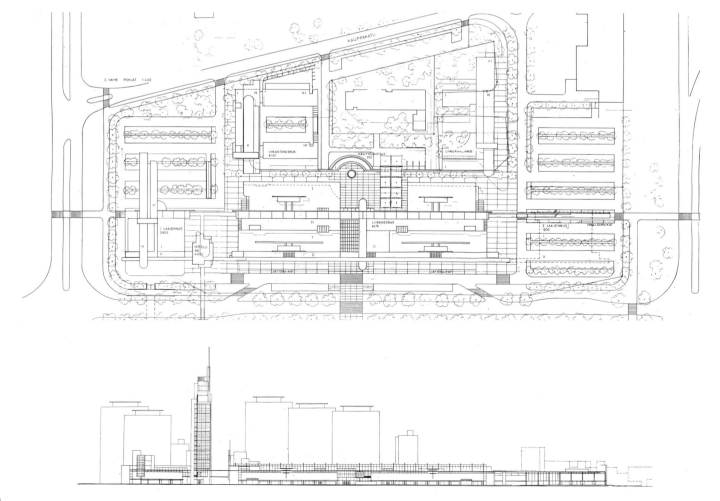

Planta, alzado y perspectivas del exterior

Plan, elevation and perspectives of the exterior

1988

Conjunto de edificios de oficinas en Naantali

El concurso premió este motor de seis cilindros que alberga oficinas y viviendas en ático con vistas sobre la bahía del puerto occidental de Naantali.

El proyecto absorbe la vitalidad del escenario marítimo, de la terminal del ferry que gobierna el tránsito de viajeros y vehículos a través del golfo de Botnia.

Office Complex in Naantali

This six cylinder top valve engine, the winning entry in a competition, accomodates offices and penthouse flats overlooking the harbour in the western port of Naantali.

The design soaks up the vitality of its harbour setting, from where the adjacent ferry terminal handles busy car and passenger routes across the Gulf of Bothnia.

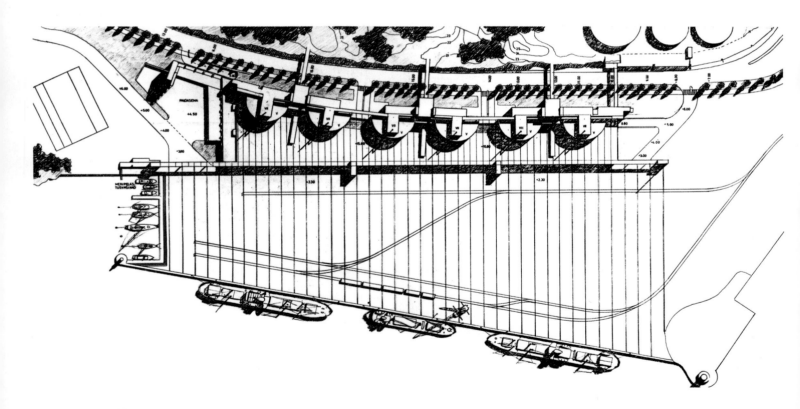

Emplazamiento y perspectivas del exterior

Site plan and perspectives of the exterior

1988-1991

Venta y distribución de coches Veho Auto-City en Espoo

Veho Auto-City car sales and distribution depot in Espoo

Este inmenso complejo, centro de operaciones del importador de coches más importante del país, se halla en una zona de desarrollo donde confluyen una vía urbana y la principal carretera hacia el oeste de Finlandia. El edificio, a construir en tres fases, se sirve de dinamismo del entorno y encara una de sus fachadas alargadas al tráfico que circula por una de las vías; al segundo vial mira la otra fachada, igualmente larga, pero más serena, mostrando los coches exhibidos en las salas de exposición.

En este proyecto adquiere gran intensidad la noción de máquina; las zonas mecánicas –almacenes, talleres, tiendas de accesorios y piezas de carrocería– se alinean junto a la carretera hasta detenerse al llegar a una torre, entonces dobla la esquina y la "máquina" reaparece en el papel de salas de exposición. La configuración en L forma un patio donde se aparcan los nuevos modelos de coche.

Durante las dos fases iniciales se construyeron los talleres y las salas de exposición y en la tercera las oficinas y la estación de servicio ubicadas en la zona más protegida del terreno.

Los elementos prefabricados de hormigón, revestidos de material cerámi-

This huge complex, a centre of operations for the country's largest foreign car importer, is aptly situated in a development area at the junction of an urban motorway and the main motor route to the west of Finland. The building, to be built in three phases, makes use of the dynamic surroundings by aiming one of its long facades at the cars rushing by on one motorway, and the other, more relaxed showroom elevation to the other motorway.

The machine idea is very strong again in this design, all the mechanical areas –stores, workshops, maintenance and body shops– line up along the edge of the motorway, a tower halts the process, and the whole machine turns at the corner, reappearing as airy showrooms. Thus the L-shaped mass forms a courtyard for the parking of new models.

The workshops and showrooms constitute the first two phases of the scheme, the third, to be constructed later, adds offices and a filling-station on the sheltered side of the site.

The architecture, stretching tiled prefab concrete elements streamlined with narrow strip windows and deep canopies, and regular loading-bay units, naturally

Emplazamiento, planta, alzado y perspectiva exterior

Site plan, floor plan, elevation and perspective of the exterior

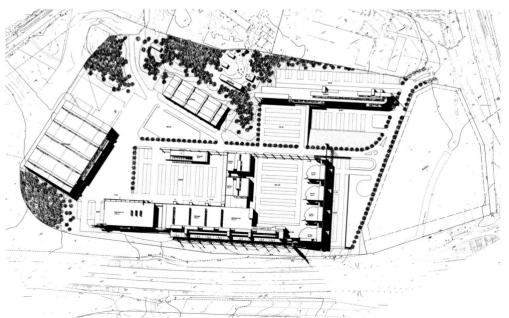
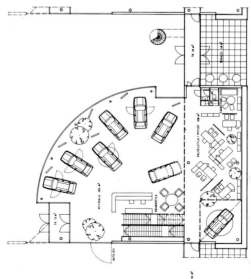

co y estilizados mediante estrechas ventanas corridas y profundas marquesinas, junto a las unidades de embarque, indudablemente funcionales, construyen una arquitectura embebida en el aura del raudo transporte motorizado.

Este proyecto resultó ganador del concurso celebrado al efecto.

functionalist, is soaked in the aura of rapid motor-transport.

The scheme was the winning entry in a competition.

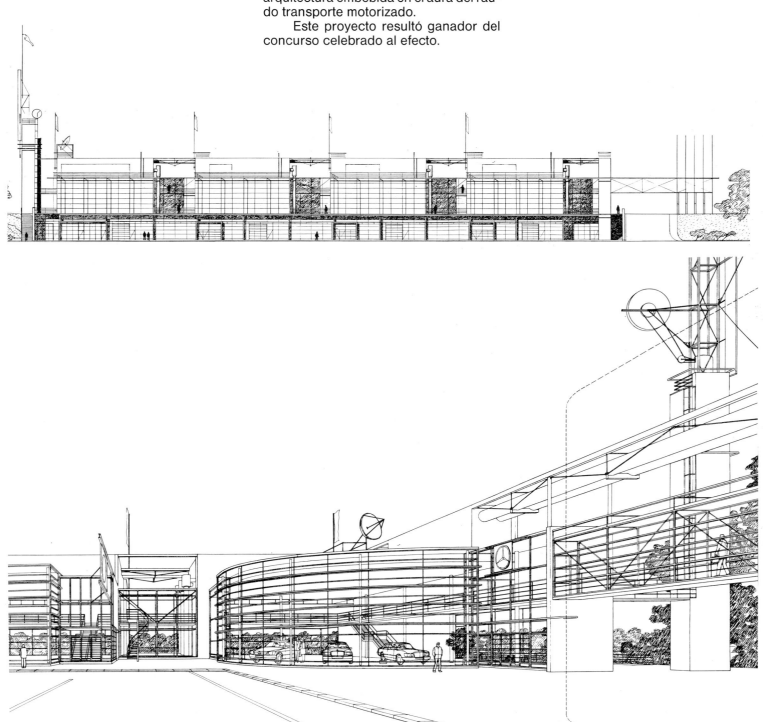

1989

Centro parroquial en Pirkkala

En el mes de abril de 1989, intervine en un concurso al que presenté este boceto concebido después de un viaje por la Toscana, durante el cual mi interés se centró especialmente en la *architettura minore* de las aldeas. Encontré la inspiración en los monasterios, ahora hoteles, de Orvieto y Siena, donde hicimos noche.

El proyecto es una respuesta a mis experiencias; podrá tomarse como un "boceto de viaje" análogo a los que realizaron tantos visitantes nórdicos al viajar a Italia, como, por ejemplo, Asplund y Aalto.

Aquí el tema del muro de gran longitud, presente en alguna de mis últimas obras, cobra carta de naturaleza. Me parece que recuerda al de la catedral inacabada de Siena.

El proyecto es deliberadamente arcaico; juega con elementos arquetípicos: la portada, la columnata, el atrio y el muro. No hay giros ni deformaciones elegantes, como tampoco pianos ni guitarras.

Es de lamentar que el jurado del concurso no aceptara la propuesta.

Parish Centre in Pirkkala

This sketch, a submission for an invited competition in April 1989, was conceived after a trip to Tuscany during which I was particularly interested in the "architettura minore" in the small country towns. I was inspired by overnight stops in monasteries, now converted into hotels, in Orvieto and Siena.

The project echoes my experiences, and could well be taken as a "travel sketch" parallel to those of many Nordic visitors to Italy... Asplund and Aalto for instance.

The theme of the large wall occurring in some of my recent works is here very outspoken. I suppose it recalls the great wall of the unfinished cathedral of Siena.

The archaism of the scheme is quite deliberate. The game is played with architypes: the gate, the colonnade, the atrium, the wall. There are no elegant twists or distortions in the composition, no grandpianos, no guitars.

Sadly the proposal was not chosen by the competition jury.

Emplazamiento, planta, alzados, sección y perspectivas del exterior e interior

Site plan, floor plan, elevations, sectio and perspectives of the exterior and interior

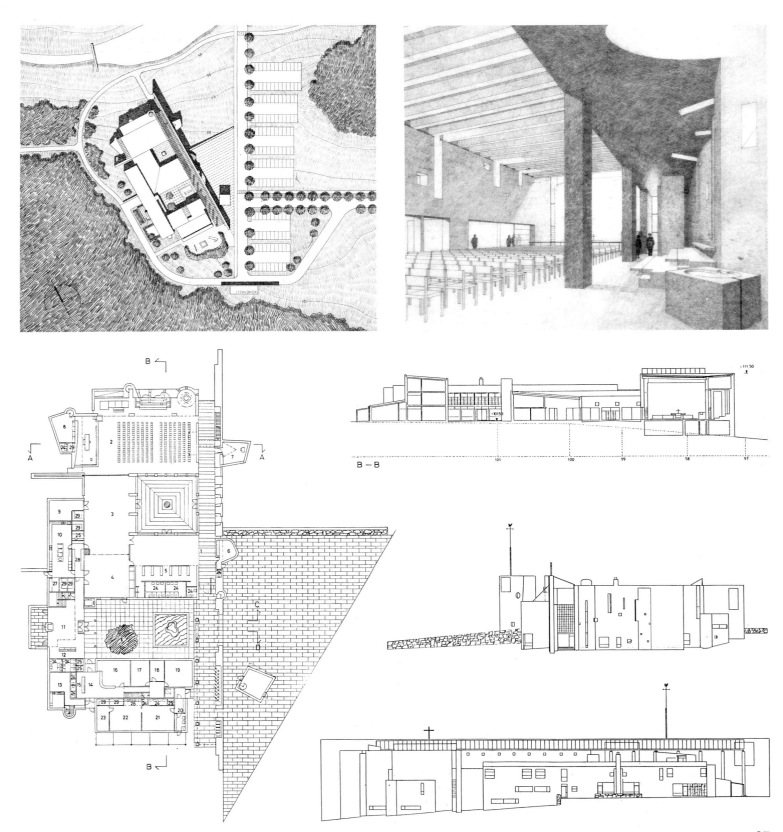

1989

Viviendas pareadas Lyökkiniemi en Westend, Espoo

La edificación está dividida por una pared en dos viviendas simétricas orientadas al mar que comparten el mismo jardín. Los espacios principales –el comedor y el estar– miran al norte y a la costa, mientras que los patios asociados a la cocina lo hacen a mediodía. Las bibliotecas son espacios a doble altura que llegan hasta la zona de noche localizada en la primera planta.

En los sótanos se encuentran las saunas, las piscinas y los espacios para el equipo de instalaciones.

El lenguaje arquitectónico concuerda punto por punto con el compromiso del autor con la tradición moderna, tanto es así que no se desvía ni un ápice de senda tan estrecha.

Lyökkiniemi semi-detached houses in Westend, Espoo

The building is divided by a wall into two symmetrical units, each facing the sea and sharing the same garden. The main spaces, designed both as dining and living rooms, extend to face both the sea to the north and the intimate kitchen courtyards on the south side. The libraries are double-height spaces which reach from the ground floor to the sleeping quarters on the first floor. The basement contains saunas, swimming pools and utility spaces.

The architectural language is in faithful accordance with the author's commitment to the modern tradition; there are no diversions from the narrow path.

Planta general, plantas de las dos viviendas, sección y vistas del exterior e interior

General plan, plans of the two houses, section and views of the exterior and interior

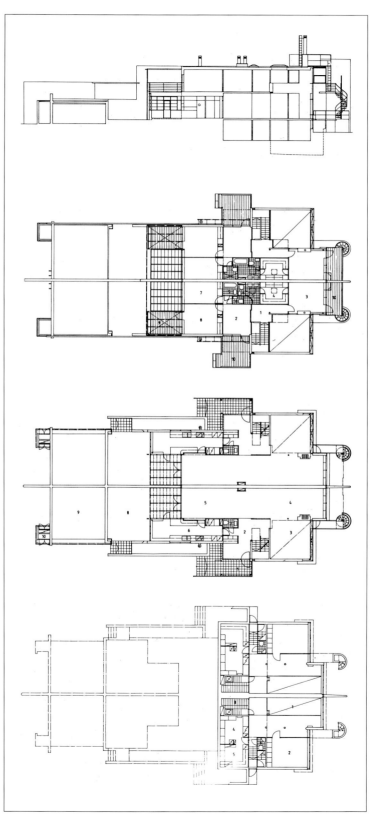

Biografías / Biographies

Kristian Gullichsen

1932 Nace en Helsinki.
1951-1960 Estudios de arquitectura en la Universidad de Tecnología de Helsinki.
1952-1961 Prácticas en los despachos de Alvar Aalto, Toivo Korhonen y Heikki Siren.
1961-1973 Despacho propio en Helsinki; cuenta entre sus colaboradores con J. Pallasmaa.
1965-1967 Conservador del Museo Finlandés de Arquitectura.
1961-1969 Profesor de la Universidad de Tecnología.
1973 Se asocia con Erkki Kairamo y Timo Vormala.
1978 Premio Nacional de Arquitectura de Finlandia.
1986 Doctor Honoris Causa.
1988 Catedrático en Artes.
1989 Premio de Ambiente Urbano.
1990 Premio Anual de Construcción en Hormigón.

Kristian Gullichsen

Born 1932 in Helsinki.
1951-1960 Studies architecture at University of Technology, Helsinki.
1952-1961 Practical experience in the offices of Alvar Aalto, Toivo Korhonen and Heikki Siren.
1961-1973 Own studio in Helsinki, collaborates among others with J. Pallasmaa.
1965-1967 Exhibition curator at Finnish Museum of Architecture.
1961-1969 Teaches at University of Technology
1973 Enters into partnership with Erkki Kairamo and Timo Vormala.
1978 Finnish State Award for Architecture
1986 Professor honoris causa.
1988 State Chair in Arts.
1989 Urban Environment Award.
1990 Annual Concrete Construction Award.

Erkki Kairamo

1936 Nace en Helsinki.
1954-1963 Estudios de arquitectura en la Universidad de Tecnología de Helsinki.
1956-1963 Prácticas en los despachos de Osmo Sipari, Osmo Lappo y otros.
1963-1965 Profesor de la Universidad de Tecnología.
1963-1973 Despacho propio en Helsinki; cuenta entre sus colaboradores con E. Juutilainen, K. Mikkola, J. Pallasmaa, R. Lahtinen y otros.
1973 Se asocia con K. Gullichsen y T. Vormala.
1978 Premio Nacional de Arquitectura de Finlandia.
1981-1983 Becado por el estado finlandés.
1984 Premio Anual de Construcción Metálica.

Erkki Kairamo

Born 1936 in Helsinki
1954-1963 Studies architecture at University of Technology, Helsinki
1956-1963 Practical experience in the offices of Osmo Sipari, Osmo Lappo and others.
1963-1965 Teaches at University of Technology.
1963-1973 Own studio in Helsinki, collaborates with E. Juutilainen, K. Mikkola, J. Pallasmaa, R. Lahtinen and others.
1973 Enters into partnership with K. Gullichsen and T. Vormala.
1978 Finnish State Award for Architecture
1981-1983 Finnish State Scholarship.
1984 Annual Steel Construction Award.

Timo Vormala

1942 Nace en Merikarvia.
1961-1971 Estudios de arquitectura en la Universidad de Tecnología de Helsinki.
1961-1973 Prácticas en varios despachos de arquitectura.
1973 Se asocia con K. Gullichsen y E. Kairamo.
1978 Profesor de la Universidad de Tecnología.
1978 Premio Nacional de Arquitectura de Finlandia.

Timo Vormala

Born 1942 in Merikarvia
1961-1971 Studies architecture at University of Technology, Helsinki.
1961-1973 Practical experience in various architectural offices.
1973 Enters into partnership with K. Gullichsen and E. Kairamo.
1978 Teaches at University of Technology.
1978 Finnish State Award for Architecture.

Cronología de obras y proyectos

1961	Participación en concursos; proyectos de urbanismo, casas, edificios de viviendas, reformas, etc.
1962-1963	Central eléctrica en Varkaus. K. Gullichsen, K. Ormio y L. Kojo.
1964	Proyecto del Centro Ciudad Jardín Tapiola. E. Kairamo, E. Juutilainen, K. Mikkola y J. Pallasmaa.
1967-1968	Central eléctrica en Hyrylä. E. Kairamo y J. Pankakoski.
1967-1970	Casas Hanikka en Espoo. E. Kairamo.
1967-1981	Galería de Arte en Pori. K. Gullichsen, K. Ormio, E. Eerola, J. Sutela y A. Jylhä.
1968-1969	Exposiciones de Alvar Aalto en Helsinki (1968) y Estocolmo (1969). K. Gullichsen y S. Savander.
1968-1973	Moduli. Sistema constructivo experimental. K. Gullichsen y J. Pallasmaa.
1971-1973	Plan urbanístico y de restauración de las islas fortificadas Suomenlinna. Primer Premio del Concurso, 1971. Revisión del proyecto, 1973. E. Kairamo y R. Lahtinen.
1972	La Petite Maison en Grasse, Francia. K. Gullichsen.
1972	Casas Honkatie en Westend, Espoo. E. Kairamo, A. Jylhä y J. Hautala.
1972-1978	Fábrica textil Marimekko en Helsinki. E. Kairamo, R. Lahtinen, T. Vormala, P. Hokkanen y A. Jylhä.
1974-1983	Proyecto del Centro de las Artes en Helsinki. K. Gullichsen, T. Vormala y L. Kojo.
1975-1985	Fábrica de papel en Varkaus. E. Kairamo, T. Vormala, P. Piha, J. Sutela, P. Ojamies y A. Jylhä.
1977-1981	Centro parroquial Malmi en Helsinki. Primer Premio del Concurso, 1977. Construcción, 1980-1981. K. Gullichsen, L. Kojo, M. Linko y A. Jylhä.
1978	Edificio comercial Forum. Segundo premio de concurso. K. Gullichsen, E. Kairamo, T. Vormala y K. Koskinen.
1982	Casas pareadas Liinasaarenkuja en Westend, Espoo. E. Kairamo, J. Maunula, C. Schalien y A. Jylhä.
1979-1983	Ampliación de una fábrica de papel en Lohja. E. Kairamo, J. Sutela, M. Nylen y A. Jylhä.
1979-1983	Centro parroquial en Kauniainen. Primer premio del concurso, 1979. Obra concluida en 1983. K. Gullichsen, T. Vormala, M. Linko y A. Jylhä.
1979-1981	Edificio de viviendas Katajanokka en Helsinki. K. Gullichsen, L. Koivu y M. Salo.
1980	Viviendas Vitsaskuja en Konala, Helsinki. T. Vormala y C. Schalien.
1980-1989	Manzana de viviendas Näkinpuisto. Primer premio del concurso, 1980. Obra concluida en 1989. T. Vormala, R. Jallinoja, J. Sutela, T. Saarelainen y A. Nylen.
1982-1983	Edificio de viviendas Hiiralankaari en Westend, Espoo. E. Kairamo, J. Maunula, T. Kauppinen, P. Nieminen, M. Nylen y A. Jylhä.

Chronology of works and projects

1961	*Various competition entrys, urban planning projects, houses, apartment buildings, conversions etc.*
1962-1963	*Power Plant in Varkaus. K. Gullichsen, K. Ormio, L. Kojo.*
1964	*Tapiola Garden City Centre, project. E. Kairamo, E. Juutilainen, K. Mikkola, J. Pallasmaa.*
1967-1968	*Power Plant in Hyrylä. E. Kairamo, J. Pankakoski.*
1967-1970	*Hanikka houses in Espoo. E. Kairamo.*
1967-1981	*Art Gallery in Pori. K. Gullichsen, K. Ormio, E. Eerola, J. Sutela, A. Jylhä.*
1968-1969	*Alvar Aalto Exhibitions in Helsinki 1968, Stockholm 1969. K. Gullichsen, S. Savander.*
1968-1973	*Moduli. Experimental building system. K. Gullichsen, J. Pallasmaa.*
1971-1973	*Restoration and development plan for Suomenlinna fortified islands in Helsinki. 1st prize competition entry 1971, revised project 1973. E. Kairamo, R. Lahtinen.*
1972	*La Petite Maison in Grasse. K. Gullichsen.*
1972	*Honkatie terraced houses in Westend, Espoo. E. Kairamo, A. Jylhä, J. Hautala.*
1972-1978	*Marimekko textile factory, Helsinki. E. Kairamo, R. Lahtinen, T. Vormala, P. Hokkanen, A. Jylhä.*
1974-1983	*Arts Centre project in Helsinki. K. Gullichsen, T. Vormala, L. Kojo.*
1975-1985	*Paper-mill in Varkaus. E. Kairamo, T. Vormala, P. Piha, J. Sutela, P. Ojamies, A. Jylhä.*
1977-1981	*Malmi Parish Centre in Helsinki. 1st prize competition entry 1977, construction 1980-1981. K. Gullichsen, L. Kojo, M. Linko, A. Jylhä.*
1978	*Forum commercial building. 2nd prize competition entry. K. Gullichsen, E. Kairamo, T. Vormala, K. Koskinen.*
1982	*Liinasaarenkuja semidetached houses in Westend, Espoo. E. Kairamo, J. Maunula, C. Schalien, A. Jylhä.*
1979-1983	*Paper-mill extension in Lohja. E. Kairamo, J. Sutela, M. Nylen, A. Jylhä.*
1979-1983	*Parish Centre in Kauniainen. 1st prize competition entry 1979, construction completed 1983. K. Gullichsen, T. Vormala, M. Linko, A. Jylhä.*
1979-1981	*Katajanokka apartment building in Helsinki. K. Gullichsen, L. Koivu, M. Salo.*
1980	*Vitsaskuja housing in Konala, Helsinki. T. Vormala, C. Schalien.*
1980-1989	*Näkinpuisto apartment block in Helsinki. 1st prize competition entry 1980, construction completed 1989. T. Vormala, R. Jallinoja, J. Sutela, T. Saarelainen, A. Nylen.*
1982-1983	*Hiiralankaari apartment building in Westend, Espoo. E. Kairamo, J. Maunula, T. Kauppinen, P. Nieminen, M. Nylen, A. Jylhä.*

1983-1985	Viviendas Kyläsuutarinpuisto en Suutarila, Helsinki. T. Vormala y M. Lapinleimu.	1983-1985	Kyläsuutarinpuisto housing in Suutarila, Helsinki. T. Vormala, M. Lapinleimu.
1983-1988	Banco en Lappeenranta. Primer premio del concurso, 1983. Construcción, 1987-1988. K. Gullichsen, T. Vormala, M. Kajosaari y E. Kilpiö.	1983-1988	Bank in Lappeenranta. 1st prize competition entry 1983, construction 1987-1988. K. Gullichsen, T. Vormala, M. Kajosaari, E. Kilpiö.
1983-1987	Centro comercial y torre de oficinas Itäkeskus en Helsinki. Primer premio del concurso, 1978. Construcción, 1983-1987. E. Kairamo, T. Vormala, H. Mäkinen, K. Koskinen, M. Kajosaari, T. Saarelainen, E. Kilpiö, J. Linko, M. Pesonen, K. Friman y A. Jylhä.	1983-1987	Itäkeskus shopping centre and office tower in Helsinki. 1st prize competition entry 1978, construction 1983-1987. E. Kairamo, T. Vormala, H. Mäkinen, K. Koskinen, M. Kajosaari, T. Saarelainen, E. Kilpiö, J. Linko, M. Pesonen, K. Friman, A. Jylhä.
1983-1989	Centro cívico en Pieksämäki. Primer premio del concurso, 1982. Construcción, 1988-1989. K. Gullichsen, T. Vormala, E. Kilpiö, M. Linko y A. Jylhä.	1983-1989	Civic Centre in Pieksämäki. 1st prize competition entry 1982 construction 1988-1989. K. Gullichsen, T. Vormala, E. Kilpiö, M. Linko, A. Jylhä.
1984-1989	Ampliación de los Grandes Almacenes Stockmann en Helsinki. Primer premio del concurso, 1984. Obra concluida en 1989. K. Gullichsen, E. Kairamo, T. Vormala, J. Sutela, M. Muoniovaara, M. Kajosaari, J. Linko, J. Haukkavaara, E. Jokiniemi, T. Saarelainen, T. Patomo, V. Huttunen y N. Davies.	1984-1989	Extension to the Stockmann department store in Helsinki. 1st prize competition entry 1984, construction completed 1989. K. Gullichsen, E. Kairamo, T. Vormala, J. Sutela, M. Muoniovaara, M. Kajosaari, J. Linko, J. Haukkavaara, E. Jokiniemi, T. Saarelainen, T. Patomo, V. Huttunen, N. Davies.
1985-1988	Edificio de viviendas Kivenlahti en Espoo. T. Vormala, E. Kilpiö, M. Kakkonen, J. Ylä-Outinen, M. Salo.	1985-1988	Kivenlahti apartment, block in Espoo. T. Vormala, E. Kilpiö, M. Kakkonen, J. Ylä-Outinen, M. Salo.
1986-1991	Estación de bomberos en Espoo. Proyecto, 1986. Construcción, 1990-1991. E. Kairamo, T. Saarelainen, T. Patomo, N. Davies, J. Murole y A. Jylhä.	1986-1991	Fire Station in Espoo. Project 1986, construction 1990-1991. E. Kairamo, T. Saarelainen, T. Patomo, N. Davies. J. Murole, A. Jylhä.
1986-1990	Hotel en Kokkola. Primer premio del concurso, 1986. Construcción, 1988-1989. T. Vormala, J. Haukkavaara y J. Linko.	1986-1990	Hotel in Kokkola. 1st prize competition entry 1986. Construction 1988-1989. T. Vormala, J. Haukkavaara, J. Linko.
1987	Sucursal del Banco de Finlandia en Turku. Tercer premio del concurso. E. Kairamo, T. Vormala y K. Gullichsen.	1987	Bank of Finland branch in Turku. 3rd prize competition entry. E. Kairamo, T. Vormala, K. Gullichsen.
1987-1991	Venta y distribución de coches Veho Auto-City en Espoo. Primer premio del concurso, 1987. Construcción, 1989-1991. E. Kairamo, T. Vormala, T. Saarelainen, E. Jokiniemi, V. Huttunen, S. Pyyhtiä, S. Raitanen, N. Davies y A. Jylhä.	1987-1991	Veho Auto-City car sales and distribution depot in Espoo. 1st prize competition entry 1987, construction 1989-1991. E. Kairamo, T. Vormala, T. Saarelainen, E. Jokiniemi, V. Huttunen, S. Pyyhtiä, S. Raitanen, N. Davies, A. Jylhä.
1987	Conjunto de locales comerciales, oficinas y hotel en Imatra. Participación en concurso no seleccionado. E. Kairamo, T. Vormala, T. Saarelainen y A. Jylhä.	1987	Shops, hotel and office complex in Imatra. Competition entry, not selected. E. Kairamo, T. Vormala, T. Saarelainen, A. Jylhä.
1987-1990	Proyecto de reforma y restauración del bloque comercial y de oficinas Gaselli. Primer premio del concurso, 1987. Revisión del proyecto, 1990. K. Gullichsen, T. Vormala, H. Mäkinen y J. Haukkavaara.	1987-1990	Gaselli commercial and office block, conversion and restoration project. 1st prize competition entry 1987, revised project 1990. K. Gullichsen, T. Vormala, H. Mäkinen, J. Haukkavaara.
1988-1990	Edificio para la Administración en Joensuu. T. Vormala, H. Mäkinen, M. Pesonen y A. Jylhä.	1988-1990	State administration building in Joensuu. T. Vormala, H. Mäkinen, M. Pesonen, A. Jylhä.
1988	Proyecto de la Embajada de Finlandia en Ginebra. K. Gullichsen.	1988	Finnish Ambassador's residence in Geneva, project. K. Gullichsen.
1988	Conjunto de edificios de oficinas en Naantali. Primer premio del concurso. T. Vormala.	1988	Office complex in Naantali. 1st prize competition entry. T. Vormala.
1988-1990	Proyecto de vivienda experimental en Stuttgart. K. Gullichsen y M. Pesonen.	1988-1990	Experimental housing project in Stuttgart. K. Gullichsen, M. Pesonen.
		1989-1990	Power Plant in Varkaus. E. Kairamo, M. Mäkinen, T. Saarelainen, T. Patomo, A. Jylhä.

1989-1990	Central eléctrica en Varkaus. E. Kairamo, M. Mäkinen, T. Saarelainen, T. Patomo y A. Jylhä.
1989	Centro parroquial en Pirkkala. Participación en concurso. No seleccionada. K. Gullichsen y J. Haukkavaara.
1989-1991	Reforma de almacén en hotel en Helsinki. T. Vormala, M. Kajosaari, L. Maaranen y J. Linko.
1989-1990	Viviendas pareadas Lyökkiniemi en Westend, Espoo. E. Kairamo, A. Jylhä y V. Huttunen.
1989	Centro para la Seguridad Nuclear y Radiactiva en Kerava. Proyecto en construcción. T. Vormala, J. Sutela, A. Jylhä y M. Pesonen.

1989	*Parish Centre in Pirkkala. Competition entry, not selected. K. Gullichsen, J. Haukkavaara.*
1989-1991	*Warehouse conversion into a hotel in Helsinki. T. Vormala, M. Kajosaari, L. Maaranen, J. Linko.*
1989-1990	*Lyökkiniemi semi-detached houses in Westend, Espoo. E. Kairamo, A. Jylhä, V. Huttunen.*
1989	*Centre for Radiation and Nuclear Safety in Kerava. Project in progress. T. Vormala, J. Sutela, A. Jylhä, M. Pesonen.*

Agradecimientos/*Acknowledgments*

Diseño / *Layout*

    Pia Ilonen

Recopilación de material / *Compilation of the material*

    Ahti Korjula

Traducción finlandés-inglés / *Translation from Finnish to English*

    Nikolas Davies

Las fotografías fueron realizadas por / *The photographs were taken by*

    Simo Rista
    Patrick Degommier
    Jussi Tiainen
    Heikki Nieminen